AF174935

COMPAÑEROS DE CAMINO

COLECCIÓN
JESUITAS
23

Brendan McManus, SJ,
con James Fullam

Compañeros de camino

De Loyola a Manresa

Título original:
Brothers in Arms. Camino Ignaciano

© Brendan McManus, SJ, 2023

Publicado por Messenger Publications
37 Leeson Place, Dublin D02 E5V0
vwww.messenger.ie

Traducción:
José Pérez Escobar

© Ediciones Mensajero, 2025
Grupo de Comunicación Loyola
Padre Lojendio, 2
48008 Bilbao – España
Tfno.: +34 944 470 358
info@gcloyola.com

Diseño de cubierta:
Félix Cuadrado Basas (*Sinclair*)

Cualquier forma de reproducción, distribución, comunicación pública
o transformación de esta obra solo puede ser realizada con la autorización
de sus titulares, salvo excepción prevista por la ley. Diríjase a CEDRO
(Centro Español de Derechos Reprográficos)
si necesita reproducir algún fragmento de esta obra
(www.conlicencia.com).

Impreso en España. *Printed in Spain*
ISBN: 978-84-271-5038-6
Depósito legal: BI-294-2025

Fotocomposición:
Marín Creación, S. C. – Burgos / www.marincreacion.com

Impresión y encuadernación:
Masquelibros, S. L. – Jaén / masquelibrosdigital.com

*Para mi constante compañero
y colega peregrino, James.*

*En memoria de mi tío
Frank Rogers, RIP.*

ÍNDICE

INTRODUCCIÓN

IGNACIO DE LOYOLA, del País Vasco, en España, fue peregrino del Camino en el siglo XVI. En 1522 se despojó de los atavíos de su antigua vida; perteneciente a la nobleza menor, se había formado primero como cortesano y luego como soldado, y era vanidoso y arrogante. Una grave herida en combate le hizo replantearse su vida y sus prioridades. Quería algo radicalmente distinto y optó por una vida nómada. Entonces cojeó por Europa como un pobre mendigo, intentando descubrir lo que Dios quería para él. Decidido a entregarse a Dios por completo, se lanzó en cuerpo y alma a la experiencia del peregrinaje y, para su sorpresa, se encontró con que tenía que volver a aprenderlo todo. Fue un proceso de «ser enseñado como un niño por un maestro», que duraría más de diez años y lo llevaría a realizar muchos viajes, entre ellos a Manresa y, finalmente, a Roma. Al principio tuvo que aprender sobre la libertad de desprenderse de su propio proyecto y a moderar sus pasiones, pero la gran intuición que aprendió peregrinando fue la libertad de seguir el camino que Dios le revelaba.

Aquel primer viaje como peregrino en 1522, desde su lugar de origen, Loyola, hasta Manresa, a unos 500 km, fue el más significativo. Lanzándose al estilo de vida de la peregrinación, Ignacio aprendió a frenar sus excesos ascéticos, a identificar la voz de Dios y a vivir una vida más equilibrada. Gran parte de la materia prima de sus famosos *Ejercicios espirituales* provino de este periodo, de reflexionar sobre su experiencia peregrina y plasmarla en «ejercicios» para que otros la siguieran. Sus propias experiencias itinerantes, que a menudo implicaban discernir entre dos caminos (por ejemplo, el famoso incidente del «moro», en el que tuvo que decidir si perseguir airadamente al «moro irreverente» o no), ayudan a otros a identificar lo que influye negativamente en nuestras decisiones (por ejemplo, las emociones fuertes), y cómo liberarse para hacer buenas elecciones. Ignacio llegaría a llamar a esto *discernimiento*: la capacidad de buscar dentro de uno mismo las motivaciones buenas y malas (el movimiento de los «espíritus» buenos y malos) y, al tomar mejores decisiones, avanzar hacia donde Dios nos lleva.

El peregrinaje es el maestro definitivo sobre cómo renunciar a nuestros propios planes y voluntad, ya que tenemos que ser flexibles y adaptarnos a lo que Dios quiere. Es una especie de purificación del ego y de los deseos egoístas para convertirnos en una persona más abierta y compasiva. Esencial para este discernimiento o para tomar buenas decisiones es la libertad espiritual, o «indiferencia» en lenguaje ignaciano; hay que experimentarla en lugar de racionalizarla.

Esta icónica caminata de Ignacio desde Loyola a Manresa se ha convertido en los últimos años en el Camino Ignaciano[1], con señalización, albergues y una guía y página

---

1. Los detalles de la ruta del Camino, las etapas, el alojamiento y la espiritualidad figuran en la página web https://caminoignaciano. org, y en la guía de Irriberri y Lowney, https://loyol.ink/aqv3b

web. El año 2022 fue el 500 aniversario de esta ruta que Ignacio hizo, así que tenía muchas ganas de hacer la caminata, sobre todo porque ya estaba en España en un curso en la casa de retiro de los jesuitas en Manresa, Cataluña. Ya había recorrido la primera cuarta parte de la ruta en 2015 cuando una lesión me impidió continuar[2], y siempre quise volver a Logroño y retomarla donde la había dejado. Sabiendo que esta ruta no era muy conocida y que había pocos peregrinos en ella, buscaba algo de compañía y ya había contactado sin éxito con algunos amigos.

Unos dos años antes había recibido un mensaje de la curia jesuita de Dublín de que un dublinés, James Fullam, se había puesto en contacto conmigo para conocer el Camino Ignaciano. Era ya un caminante entusiasta del Camino de Santiago, que había hecho la ruta francesa varias veces. Se interesó por Ignacio haciendo el Camino de Santiago en 2018, cuando un peregrino anglicano le habló del Camino Ignaciano durante varias horas una noche en un albergue. La oficina de la curia jesuita había pensado que yo sería la persona ideal para hablar con él. Nos reunimos en la casa de los jesuitas en Gardiner Street, al norte de Dublín, en 2019, y mantuvimos una buena charla tomando un café. Se mostró refrescantemente abierto sobre su vida como taxista, su pertenencia a AA y su viaje para superar la adicción al alcohol. Habló con pasión de su amor por el Camino de Santiago, que había recorrido varias veces, y de recaudar dinero para organizaciones benéficas locales. Como

---

2. Véase mi libro *The way to Manresa* para conocer la historia de este viaje: https://loyol.ink/4h5ij.

antiguo soldado, le intrigaba el hecho de que Ignacio hubiera sido herido en una batalla y había leído bastante sobre él. James tenía muy claro que quería recorrer el Camino Ignaciano tras las huellas de Ignacio para conocerlo mejor, y quería que yo lo acompañara en la caminata. Suelo dirigir peregrinaciones en grupo o caminar los Caminos en solitario, pero mientras planeaba recorrer el menos transitado Camino Ignaciano en 2022, me di cuenta de que agradecería la compañía. El Camino Ignaciano no es muy conocido y tiene pocos peregrinos, y de hecho va en dirección contraria a las principales rutas jacobeas. Además de hacernos mutuamente compañía, yo podría ayudar a entender los famosos *Ejercicios* de Ignacio a través de la experiencia de estar en los lugares reales. Le envié a James un ejemplar de la *Autobiografía* de Ignacio[3], que devoró. Nos mantuvimos en contacto por teléfono durante los dos años siguientes y poco a poco empezó a encajar un plan. Como yo ya había completado el primer tramo, de Loyola a Logroño, acordamos encontrarnos en Logroño, aproximadamente a una cuarta parte de la ruta. Comenzaría en Loyola con su sobrino, David, más de una semana antes y nos reuniríamos el 7 de junio, momento en el que su sobrino regresaría a casa. Era un poco tarde en el verano, lo que significaba que las temperaturas serían más altas (de hecho, hubo una ola de calor durante ese tiempo), pero el calendario funcionó para ambos. Mantuvimos un contacto constante sobre las

---

3. Joseph TYLENDA, *A pilgrim's journey: the autobiography of Ignatius of Loyola*, Ignatius Press, San Francisco 2001. https://loyol.
ink/pmuyg

fechas, el equipo, las guías y la planificación. Definitivamente iba a suceder.

Aunque no lo planeamos explícitamente, acabamos haciendo juntos una versión de los *Ejercicios espirituales* a lo largo del camino. Esto era muy apropiado en el Camino Ignaciano y especialmente durante el año del 500 aniversario ignaciano. Existe una larga tradición de adaptar los *Ejercicios* a tiempos, lugares y personas, conocida como «Anotación 18»[4], y en ningún lugar fue esto más acertado que en esta peregrinación a pie, que implicaba necesariamente compartir la vida y la fe. Normalmente surgía algo provocado por una experiencia que teníamos, como coger un autobús con segundos de sobra, y luego reflexionábamos juntos sobre la relación entre la gracia y la acción humana. A menudo, le enviaba a James un tema extraído de los *Ejercicios espirituales*[5], como el Principio y Fundamento ignaciano, a su teléfono, en el que él trabajaba por su cuenta, y luego nos reuníamos más tarde y hablábamos de ello. Lo providencial fue el modo en que la vida fue arrojando situaciones a las que los *Ejercicios* se referían y sobre las que aportaban algo de sabiduría. El resultado fue una conversación continua sobre la vida y la fe, moldeada por la experiencia de Ignacio, que se convirtió en este libro.

---

4. Ignacio fomentó la adaptación de los *Ejercicios* para satisfacer las necesidades de las personas en todos los ámbitos de la vida. La «Anotación 18» de los *Ejercicios espirituales* (n. 18) propone una versión abreviada de los *Ejercicios* adaptada a las necesidades individuales, un «retiro en la vida diaria».

5. David L. FLEMING, *Draw Me into Your Friendship – The Spiritual Exercises: A Literal Translation and a Contemporary Reading*, Institute of Jesuit Sources, St Louis 1996.

Capítulo 1
Lanzados a ello en Logroño

AL HACER LA MOCHILA en la casa de retiro de Manresa, en Cataluña, donde había pasado unas semanas en un curso de jesuitas, me di cuenta de que pasarían varias semanas antes de volver a llegar a este mismo lugar al final del Camino. Me recorrió una emoción familiar: en el Camino Ignaciano, tras las huellas de Ignacio en el año del 500 aniversario –¡qué combinación!–. Una mañana muy temprano, estaba en el tren de las 6,20 hacia Barcelona. Observé cómo se llenaba de viajeros camino al trabajo mientras comía mi sándwich de tomate y queso. La imponente cordillera de Montserrat se veía por la ventanilla, creando un paisaje impresionante, pero ninguno de los viajeros parecía reparar en ella.

Más tarde, mientras viajaba en el tren de alta velocidad de Barcelona a Logroño, donde había quedado con James, recibí noticias de Irlanda de que mi tío había muerto. Yo estaba muy unido a él y por eso tenía un dilema: ir a casa para el funeral o no. Mi reacción inicial fue que no iría. En ese momento ya estaba comprometido, adentrado en el norte de España, con mi amigo James esperándome. Razoné que si hubiera recibido la noticia unas horas antes en Barcelona, podría haber llegado fácilmente a casa gracias a las conexiones. También razoné que no podría llegar a casa a tiempo para el funeral, que sería caro y que definitivamente afectaría a los planes del Camino.

Punto de reflexión. El discernimiento consiste en intentar tomar una buena decisión basándose en la situación en la que uno se encuentra. El primer nivel de la toma de decisiones gira en torno a los pros y los contras, las razones a favor y en contra de una decisión. Las situaciones son complejas y a menudo fluidas, con muchos factores en juego. Aquí estaba intentando tomar la mejor decisión posible en el contexto. Hay un elemento de reflexión, de crear espacio e intentar revisar la decisión desde diferentes puntos de vista. Pero el proceso lleva su tiempo y no puede precipitarse.

Poco después llamaba a la puerta de la comunidad jesuita de Logroño, habiéndoles enviado un correo electrónico con antelación. Ellos me habían advertido de que la comunidad estaba cerrando y que el lugar estaba un poco desordenado. Sin embargo, hubo una buena acogida y la sencilla y calurosa habitación sin aire acondicionado fue la introducción perfecta a la vida del Camino. Almorcé con la comunidad y pasé algún tiempo charlando con ellos, ya que conocía a uno de ellos de mi visita anterior (José Ignacio, que me había ayudado con mi lesión en 2015) y conocíamos a varios jesuitas en común. Siempre es encantador poder entrar en una comunidad jesuita prácticamente en cualquier parte del mundo y establecer una relación como en familia.

Mientras tanto, James y su sobrino, David, ya habían pasado una semana agotadora antes de llegar a reunirse conmigo en Logroño. Habían empezado en Loyola, el lugar de nacimiento de Ignacio, y aunque la primera etapa fue relativamente fácil, el segundo día tuvieron que subir por la sierra de Aizkorri (yo me había lesionado unos años antes al principio de esa misma etapa). El puerto de Biozkornia era una subida de casi 1000 metros, dificultada por la intensa ola de calor que sufría España. Se habían quedado sin agua y habían luchado con un calor de 40 grados, deshidratándose y sufriendo un golpe de calor. James había sufrido un colapso en un momento dado y David tuvo que correr en busca de ayuda.

Al día siguiente tuvieron que apretar los dientes y rezar mucho a Ignacio en la etapa 3 (James rezó pidiendo ayuda en el santuario de Arantzazu a primera hora de la mañana para superar el día), que era otro ascenso de 600 metros por el puerto de montaña de Elorrola, donde volvieron a quedarse sin agua. Las cinco etapas restantes fueron algo más fáciles, y la estancia en Navarrete, donde había vivido el propio Ignacio, les levantó el ánimo. Aunque llegaron en buena forma a Logroño para reunirse conmigo, no cabía duda de que habían sido sometidos a duras pruebas y de que ya habían vivido una experiencia de peregrinación significativa.

Esa tarde fui a reunirme con James y David, que volvía a casa al día siguiente. Emocionado, imaginé que planearíamos juntos la caminata del día siguiente y nos pondríamos en *modo Camino*, discutiendo las distancias, el alojamiento y la comida. James y yo nos encontramos casi inmediatamente cerca de la catedral de Santa María de la Redonda, en el centro de la ciudad. Era fácil reconocer a un compañero de ruta y el rostro irlandés era inconfundible. No habíamos hablado más que unos pocos minutos cuando me llevó aparte y me dijo en tono confidencial que su sobrino David, que aún estaba bajando de su habitación, había estado pasando por un momento difícil. La experiencia del Camino de una semana con James le había ayudado mucho, pero necesitaba ayuda y consejo en vistas a su vuelta a casa. Para mi sorpresa, James le había dicho que yo sería capaz de solucionarlo.

No me esperaba este giro de los acontecimientos, pero casi de inmediato, James me presentó a David y nos dejó solos. Encontramos un café fuera de la plaza principal y nos lanzamos directamente a una conversación al estilo de una dirección espiritual, hablando de la vida, las decisiones y Dios. Fue uno de esos momentos del Camino: sabía que solo disponía de este breve tiempo de encuentro, ya que él regresaba a casa al día siguiente. No había tiempo para trivialidades, así que nos metimos de lleno en su vida, sus problemas y sus decisiones. Apenas recuerdo haber comido, ya que mantuvimos una conversación muy centrada en sus elecciones y en las decisiones apremiantes que tendría que tomar a su regreso. Una vez más, sabía que tenía que conducir esto de modo que llegáramos a las cuestiones importantes, a plantear los retos, evitar los callejones sin salida y mantener el espíritu de Dios en primer plano. Para añadir más dramatismo, también tuve que pedirle a James que nos diera más tiempo cuando regresó pronto, ya que esta conversación era estrictamente entre nosotros dos. Me pareció oír la canción *Perfect Day* en el equipo de música, lo cual resultaba irónico. Fue un ritmo vertiginoso de encuentro real y de hablar con la verdad, y me sentí privilegiado de que alguien confiara tan rápidamente en mí revelándome aspectos tan delicados de su vida. Las preguntas que hice, como en la mayoría de las sesiones de orientación, fueron:

1. ¿Qué buscas realmente (Dios está en tus deseos más profundos)?
2. ¿Qué está funcionando para que se cumpla este deseo (consolación)?
3. ¿Qué es lo que no te funciona para conseguir satisfacer este deseo (desolación)?
4. ¿Qué tienes que hacer para conseguirlo (discernimiento y decisiones)?
5. Dime qué cambios concretos vas a hacer en tu vida cuando vuelvas a casa (compromiso de acción).

Punto de reflexión. Un elemento central de los *Ejercicios espirituales* de Ignacio es la técnica de la dirección espiritual, escuchar activamente para ayudar al otro a encontrar la libertad de elegir bien. La dirección espiritual es ser un oído que escucha al otro, un guía que puede detectar más fácilmente nuestros movimientos y faltas de libertad. Los directores espirituales escuchan activamente el espíritu de Dios; ayudan a la persona a liberarse de las compulsiones, a tomar decisiones equilibradas, a escuchar y a crecer más cerca de Dios. El director escucha los signos de la presencia de Dios, la consolación, y de la ausencia de Dios, la desolación, y ayuda a la persona a ver estos dos movimientos. No es que realmente «dirija» a la otra persona o le diga lo que tiene que hacer, sino que trata de ayudarla a descubrir la obra de Dios en ella. A menudo es cuestión de hacer las preguntas adecuadas.

Al final le ofrecí confesarse, aunque una cafetería ruidosa no era el lugar más ortodoxo, pero había desnudado su alma y revelado sus luchas, y el bálsamo de la reconciliación era la cura más apropiada en ese momento. Le di algo de penitencia para hacer en la catedral local y hablé brevemente con James sobre el día siguiente, antes de volver a casa. La cabeza me daba vueltas por la rápida y profunda inmersión en la que habíamos estado, pero había una poderosa sensación de consuelo por haber hecho lo correcto al «ayudar a otra alma», como habría dicho Ignacio. Sacudía la cabeza asombrado por este encuentro providencial y pensaba que el Camino ya había empezado para mí, el salto inexplorado a otra zona. Poco me imaginaba las vueltas y revueltas que iba a dar este viaje.

Punto de reflexión. La peregrinación es el arte de enfrentarse a lo inesperado, de tener la flexibilidad necesaria para encontrar a Dios en la realidad de lo que es, en lugar de intentar controlar o aferrarse a ideas o planes fijos. La peregrinación es una gran maestra sobre dejar ir y confiar, sobre reconocer que hay algo más operando en nuestras vidas (providencia). La realidad nos invita a ser flexibles y a subvertir el ego a lo que Dios quiere. El reto consiste en obtener la «libertad espiritual»; soltar nuestra necesidad de control y tomar las cosas con más ligereza para introducir a Dios en ellas (discernir) y tomar buenas decisiones concretas (según Dios).

Normalmente tiene un elemento de sorpresa y providencia, en el que las cosas salen bien si uno puede dejarse llevar y confiar en Dios.

La historia de David

David, el mayor de cinco hermanos, nació en el centro de Dublín y vivió en un piso durante unos años, antes de trasladarse a Cabra [Barrio de las afueras, al norte de Dublín]. *Su padre trabajaba como carnicero en una fábrica de productos cárnicos y su madre llevaba la casa. Fue a la escuela inicialmente con los Hermanos de La Salle, luego pasó a una escuela primaria y finalmente asistió a la escuela técnica local. Se formó como electricista y luego como carnicero, pero desde el año 2000 es taxista. Conoció a su mujer, Tina, cuando era adolescente y ya entonces sabía que iba a casarse con ella. Compraron una casa cuando tenían veinte años y tuvieron dos hijos. Dedicaron su vida a criar a los niños y llevan juntos cuarenta y un años. Tina enfermó en 1991 de una enfermedad autoinmune y no pudo trabajar realmente después de eso. Tenían una vida feliz y siempre tenían presente a Dios en sus vidas, yendo a misa y educando a los niños para que fueran amables y tuvieran criterios morales; tienen cinco nietos.*

Sin embargo, en los dos últimos años David empezó a luchar contra la ansiedad y la depresión. Empezó a utilizar el alcohol como muleta, aunque de algún modo consiguió mantener su trabajo y su familia. Sentía que al dedicar su vida a su familia, nunca había tenido tiempo para sí mismo, y ahora se sentía algo perdido en sí mismo. Dice que su experiencia en el Camino Ignaciano le ayudó a recuperar el rumbo, aunque sufrió mucho en las montañas vascas. En un principio no había querido ir, pero fue para hacer compañía a su tío. Las conversaciones que mantuvo en el camino con James, y conmigo, le permitieron reflexionar y volver a encarrilar su vida. Sintió que había «vaciado toda la basura que tenía en la cabeza», y que había tenido un «despertar», regresando diferente. Desde que abordó el alcohol y sus problemas personales, se siente mucho más feliz y contento, y tiene una nueva cercanía con su familia, y con Dios, con quien conversa a lo largo del día.

Capítulo 2
El sonido del silencio

ME REUNÍ con James a las siete de la mañana en la puerta de su albergue y, tras perdernos alguna vez, salimos juntos de la ciudad. La ruta era difícil de encontrar, ya que todas las señales, las omnipresentes flechas amarillas, eran para el Camino de Santiago, que iba en dirección contraria. Entonces James sintió que íbamos por el camino equivocado, que volvíamos por donde él había venido el día anterior. Habiendo consultado con el director del Camino, José Luis Iriberri, SJ, varios días antes, recordé su consejo de seguir el camino en Google Maps. Entonces, ignorando las protestas de James de que íbamos por el camino equivocado, lo fui llevando por las afueras de la ciudad sin dar mi brazo a torcer hasta ese primer momento mágico en el que vimos la primera flecha naranja que indicaba el sendero ignaciano y la tensión se disolvió. Caminar por la ciudad siempre es difícil, y llegar a las carreteras secundarias, los campos y las vistas abiertas era bueno para el corazón.

A medida que íbamos cogiendo un poco de ritmo por el sendero, noté que teníamos velocidades de marcha ligeramente diferentes, y también que a James, fiel a su vocación de taxista, le gustaba hablar. Yo, que soy más introvertido, estaba sediento de silencio y de estar solo en el camino. Reflexionaba sobre lo que sentía: inquieto e irritado por el hecho de que nuestras expectativas fueran tan diferentes y sabiendo que no podría continuar con este desajuste. Rápidamente tomé una decisión y, deteniéndome, propuse esta solución: caminaríamos solos y nos reuniríamos en los descansos o al final del día. Afortunadamente, James estuvo de acuerdo, lo que significaba que cada uno podría caminar a su ritmo y a su manera. En pocos minutos estábamos caminando solos, pero a la vista el uno del otro, pasando por granjas y canales de riego a medida que la ciudad quedaba atrás. En un túnel bajo una autopista, esperé a que James me alcanzara y charlamos cordialmente mientras bebíamos y comíamos algunas provisiones. Este nuevo arreglo estaba funcionando bien y tuvo un impacto positivo inmediato en mi estado de ánimo, y James también estaba contento. Era el principio de llegar a entendernos.

Punto de reflexión. La agitación o el sentimiento de inquietud (una versión de la «desolación», que significa que vamos en la dirección equivocada) es una invitación a la reflexión y, finalmente, a la decisión. Aquí Dios actúa para ayudarnos a afrontar el conflicto y llegar a una solución que respete a todos los implicados. El proceso consiste en: tomar conciencia de los sentimientos y estados de ánimo, reflexionar sobre lo que esto significa, decidir iniciar un diálogo sobre el tema, encontrar alguna resolución y reflexionar sobre el resultado como confirmación de la decisión. Es un discernimiento o una escucha de la «voz interior» y la elaboración de lo que significa con respecto al hecho de tomar decisiones.

Después de haber caminado toda la mañana por carreteras secundarias, al rodear una base militar nos vimos obligados a volver a la carretera principal, que era desagradable y muy calurosa. Hacía cada vez más calor y, como ya se acercaba el mediodía, decidimos parar pronto y no caminar demasiado para lo que era mi primer día. Pasamos por el pueblo de Recajo y nos dirigimos al único restaurante, El Molino. Se trataba más bien de una parada de camiones o una cafetería, pero nos alegró salir del calor y tomarnos una limonada fría. Preguntando, resultó que arriba tenían unas habitaciones sencillas con aire acondicionado y un menú del día barato. Parecía el lugar ideal para quedarse y pasar las muchas horas que aún quedaban de día.

Al retirarnos a nuestras habitaciones, era consciente de que la decisión de no asistir al funeral de mi tío no me había sentado nada bien y había estado pesando mucho en mi mente todo el día, sobre todo porque me había llegado noticia de que el funeral se había retrasado unos días. Ahora se trataba de una situación diferente, en el sentido de que podía llegar a tiempo. Intentaba resolverlo al estilo ignaciano, discerniendo la decisión en función de lo que Dios me pedía y barajando las opciones. Decidí dedicarle el resto del día, rezando sobre ello para que la oración me ayudara a decidirme por una u otra opción.

Lo principal era liberarme, intentar ser «indiferente» o equilibrado sobre cualquier resultado por el que me decidiera. Esta sensación de que podía ir en cualquier dirección me ayudó, dado que, de entrada, me había opuesto a volver a casa. Más tarde, por la tarde, lo hablé con James, quien, para mi sorpresa, me apoyó para que me fuera a casa. Yo había dado por supuesto que me necesitaría para continuar, sobre todo porque no hablaba español. Después de otra hora, pude sentir que una decisión iba tomando forma. Un rápido vistazo a mi teléfono mostró que con algunos planes de viaje creativos podría llegar a casa al día siguiente, y mi familia aceptó cubrir el coste. Noté una nueva energía y ligereza (es decir, consolación) en mí a medida que empezaba a avanzar hacia una decisión concreta. Finalmente, hablé con mi superior jesuita sobre la vuelta a casa y, con su apoyo, tomé la decisión de regresar y preparé rápidamente un plan para el día siguiente.

Punto de reflexión. Las decisiones iniciales precipitadas a menudo necesitan ser analizadas y trabajadas cuidadosamente. Sin embargo, las decisiones iniciales, aunque sean superficiales o excesivamente racionales (convenciéndonos a nosotros mismos o consiguiendo un «falso consuelo» superficial), pueden ser útiles si reflexionamos sobre ellas y vemos cómo nos sientan. El verdadero discernimiento consiste en reflexionar sobre los estados de ánimo o las emociones que surgen, intentar «liberarse» de las opciones (poder ir en cualquier dirección), asumir la nueva información y trabajar para tomar una decisión mejor. Sin embargo, los efectos posteriores o la «confirmación»[1] de una decisión

---

1. Ignacio dice que una sensación posterior de tranquilidad o acierto sobre una decisión equivale a una confirmación o claridad sobre una elección a menudo difícil (*Ejercicios espirituales*, 183).

son inequívocos y pueden apreciarse en el aumento de la consolación y el optimismo.

Feliz por haber tomado la decisión de ir a casa para el funeral de mi tío, tuve una buena charla con James y, tras una misa muy sencilla en nuestra habitación, comimos juntos en el abarrotado comedor de abajo. Descubrimos un amor común por la música y descubrimos que nos gustaba mucho la misma música. Bromeamos con que la canción de hoy sería *The Sound of Silence* [El sonido del silencio], de Simon y Garfunkel, mientras caminábamos solos. Intenté explicarle a James qué era el discernimiento. Utilizando mi decisión como ejemplo, intenté explicarle cómo Dios está cerca de nosotros, quiere formar parte de nuestras vidas y, sobre todo, participar en la toma de decisiones, que es en última instancia donde se revelan nuestras prioridades y valores. Expliqué que esto tiene enormes implicaciones –por ejemplo, la oración debe entenderse como una conversación con Dios, en la que se pregunta, se pide y se escucha, y no es solo un proceso unidireccional–. Como descubrió Ignacio, Dios le fue guiando suavemente por el camino correcto, aunque le costó muchos desvíos y muchos años aprender este arte de reconocer la «voz interior».

Punto de reflexión. Discernir significa cribar o separar, llevar la conciencia y el juicio a una decisión para tratar de averiguar lo que Dios está diciendo. Sorprendentemente, Dios se interesa por nuestras vidas y trata de guiarnos hacia la mejor opción, de ahí la necesidad de escuchar y ser conscientes de nuestros «estados de ánimo» o impulsos interiores. Uno de los mayores obstáculos es la falta de libertad o la fijación en determinados resultados de tal manera que conduce a una mala toma de decisiones. Las personas solemos necesitar ayuda y apoyo para tomar una buena decisión, consultando con los demás, identificando nuestros puntos débiles o malos hábitos, y llegando a una decisión informada y equilibrada que nos lleve a la consolación.

Consciente de mi propia decisión, recordé que escuchar y encontrar la voluntad de Dios es un desafío, pero no imposible. Como cualquier otra persona, a menudo necesito otros apoyos, como amigos con los que analizar las cosas, un guía espiritual, una comunidad de fe y un proceso de discernimiento. El verdadero reto es poner nuestros recursos, voluntad y corazón al servicio de Dios y no de nosotros mismos. Le recordé a James que el objetivo de la oración no es solo adorar o venerar, sino hacer la voluntad de Dios: ser discípulo y seguidor, ponerlo en práctica. La fe no es solo una «muleta» o un refugio temporal centrado únicamente en mi propio bienestar. Es más bien una ayuda para caminar con Dios y ser transformado por esta extraordinaria amistad. Cité Isaías 6,8:

«Oí la voz del Señor, que decía: "¿A quién enviaré y quién irá por nosotros?". Entonces dije: "Heme aquí; envíame a mí"».

La historia de James

James nació en 1958 en la zona de The Liberties de Dublín. Era el único varón entre seis hermanas. Se casó con Violet en 1980 y tiene cuatro hijos adultos. Se educó en el centro de Dublín. Empezó como aprendiz de carnicero, como era tradición en la familia, pero a los diecisiete años decidió dejarlo y se alistó en el ejército irlandés. Fue destinado a Limerick para el entrenamiento de reclutas y luego fue seleccionado para el equipo de boxeo del batallón. En octubre de 1975 fue campeón de peso pluma del Comando Sur y ese mismo año se convirtió en campeón de peso pluma de todo el ejército. Fue destinado a Dublín en 1976, al 5.º Batallón de Infantería de los Cuarteles Collins, una unidad muy organizada y disciplinada a la que atribuye haberlo «salvado» de una vida disoluta y de las drogas, y haberle dado habilidades para la vida. En 1979 fue elegido para jugar en el equipo de fútbol del batallón, con el que ganó varias medallas de liga y copa, y acabó ganando la Copa Cunningham, una competición de todo el ejército. Abandonó el ejército en 1981, probando suerte en diversos empleos de seguridad en la vida civil, hasta que finalmente se convirtió en taxista en 1984, trabajo que sigue desempeñando en la actualidad. Tras una larga batalla contra el alcohol, finalmente se unió a Alcohólicos Anónimos en 2013 y, abandonándolo por completo, ha estado sobrio desde entonces. En 2020 se unió a la Asociación de Veteranos del Batallón, que valora enormemente. Es un activo peregrino del Camino y está comprometido con la recaudación de fondos para organizaciones benéficas locales.

Capítulo 3
De vuelta a casa para un funeral

Los dos nos habíamos levantado a las seis para desayunar café y pasteles en el bar de abajo, pero íbamos en direcciones distintas. James continuaba el Camino mientras que yo me dirigía a casa. Mi primer problema era cómo llegar desde este lugar en el campo a una ciudad importante con conexiones de transporte. El camarero me dijo que había una parada de autobús un kilómetro más arriba por la carretera, así que, echándome la mochila al hombro y despidiéndome de un emocionado James, seguí el tráfico por una suave colina bajo el sol de la mañana. Al cruzarme con dos lugareños que llenaban recipientes de agua de un grifo, pregunté por el autobús, solo para que me dijeran que era festivo y que no había autobús durante varias horas. Con calma, saqué mi teléfono y examiné el mapa en busca de otras opciones. Afortunadamente, había una estación de tren a un kilómetro de distancia, en un pueblo llamado Agoncillo. La estación estaba desierta, pero había un horario que indicaba que llegaría un tren en una hora. Mientras tanto, pensé en explorar el pueblo, que aún estaba despertando a una hermosa mañana.

La joya central del pueblo, el castillo medieval de Aguas Mansas, está en asombroso buen estado. Se había erigido un escenario frente al castillo y los restos de algún acontecimiento cultural reciente flotaban en el aire. Más allá de la plaza principal estaba la iglesia del siglo XVIII de Nuestra Señora la Blanca, que añadía cierta grandeza al decorado. La impresión general era la de retroceder en el tiempo, y tener todo el lugar para mí solo era delicioso. Llegué de vuelta a la estación justo a tiempo para coger el que al parecer era el único tren del día, y yo era el único pasajero. Veinte minutos después entramos en la estación de Logroño. Las luces no se encendieron en el tren a oscuras, lo que creaba una sensación espeluznante cuando salí a un andén oscuro y desierto. Desde Logroño cogí un autobús a Bilbao, evitando a los timadores de la estación. Al ver que me había adelantado, conseguí adelantar mi vuelo a primera hora de la tarde. A última hora de la tarde estaba en el aeropuerto de Dublín y, poco después, en un autobús hacia Belfast, encantado de mí mismo por llegar a casa en un solo día, pero muerto de cansancio a estas alturas de mi peregrinaje inexplorado.

Tardé un día en recuperarme y en mentalizarme del funeral que se avecinaba. Ya se había pedido a un sacerdote amigo mío que presidiera el funeral y, al llegar en el último momento, pude apoyarlo haciendo el panegírico. Lo más importante fue la visita a la afligida familia al día siguiente, y tuve que sacudirme el cansancio del viaje para estar plenamente presente ante ellos. Fue entonces cuando me di cuenta de la importancia de estar con ellos en su dolor por esta pérdida repentina. Aunque no podía hacer gran cosa, el mero hecho de estar presente y ser solidario era suficiente. Me recordó mi propia pérdida en el sentido de que mi tío había sido como un padre para mí cuando el mío murió precozmente. Sin embargo, me consoló mucho haber regresado; incluso en medio de tanta pena y efusión de amor, me pareció el lugar adecuado en el que estar.

Punto de reflexión. La consolación significa típicamente un aumento de la fe, la esperanza y el amor, y actuar contra la «desolación» (sequedad y vacío), pero esencialmente no se trata de los sentimientos superficiales o simplemente de «sentirse bien». Paradójicamente, puedes estar atravesando un momento difícil, por ejemplo, acompañando a una familia en duelo, y sin embargo sentir consolación, ya que sabes que estás haciendo lo «correcto (humanamente)». De igual manera, puede parecer inicialmente satisfactorio eludir tus responsabilidades, pero puedes encontrarte en un estado de desolación, sin afrontar realmente las situaciones. La clave reside en discernir los sentimientos más profundos (paz / hacer lo correcto) en lugar de los superficiales (placer / repugnancia) dentro de ti mismo, y en la dirección en la que te estás moviendo, ya sea hacia la luz, el crecimiento y la auténtica felicidad, o alejándote de ellos[1].

---

1. Ignacio insiste en la necesidad de ser consciente de la dirección general de la propia vida para poder interpretar los distintos «espíritus» en juego. Para las personas que se dirigen hacia Dios, la consolación fortalece y anima, mientras que la desolación perturba y «pincha» a las personas para que tomen decisiones equivocadas. Sin embargo, para las personas que se alejan de Dios ocurre lo contrario, los deleites y las seducciones aparentes parecen consolación, mientras que la penitencia o el ascetismo parecen desolación.

Me llevó otro día escribir el panegírico, habiendo recibido mucha información de la familia. Los logros de mi tío como padre de familia, profesor, escritor, historiador y aventurero, incluido hacer el Camino, significaban que había una enorme fuente de historias y anécdotas de sus hijos y antiguos alumnos. Con una ocasión tan significativa, era importante hacerlo bien y merecía la pena dedicarle mucho trabajo, una labor de amor. Resucité un viejo ordenador de la casa y me pasé el día escribiendo el panegírico. El funeral en sí fue agridulce, un gran día de ritual y celebración de la extraordinaria vida de servicio y amor que había vivido mi tío, con mucha efusión de dolor y pérdida. Fue conmovedor reencontrarme con muchos parientes y amigos, y estar en el altar como sacerdote para apoyar a la familia. También pude concelebrar la misa junto a mi amigo sacerdote, Colin, y fue un verdadero privilegio pronunciar el panegírico. En la recepción posterior, tuvimos ocasión de ponernos al día y compartir más historias sobre mi tío. Todo el día fue un digno homenaje a su memoria y una celebración digna pero infinitamente triste de su vida.

La historia de Frank

Frank Rogers procedía de una pequeña granja a las afueras de Belleek, en el condado de Fermanagh, Irlanda del Norte. Allí aprendió los valores de la familia, la fe y la agricultura. La familia se trasladó a Lisnaskea en la década de 1950; la educación era primordial y Frank fue enviado a un internado a una edad temprana. Conoció a su futura esposa, Kathleen, en Glenavy, condado de Antrim, y se casaron en 1965, criando a cinco hijos. Frank trabajó inicialmente como profesor de educación física en Glenavy, antes de convertirse en profesor de historia en Enniskillen. Muchos de sus antiguos alumnos lo describieron como un profesor inspirador, siempre con una sonrisa en la cara, aunque modesto y humilde.

Frank era un entusiasta historiador local que investigaba sobre los Glens [Valles] de Antrim, las vidrieras y otros temas; conocía la importancia de «preservar la memoria». Fue miembro fundador de la Killultagh Historical Society y presidente de la Glens of Antrim Historical Society. Frank era también un gran escritor; había escrito siete libros sobre diversos temas, desde vidrieras hasta historias de iglesias, y estaba trabajando en otro en el momento de su muerte. También escribió numerosos artículos académicos y periodísticos; uno de ellos, de 2020, reflejaba su profunda fe y versaba sobre la deuda que tenemos con el cristianismo como el «cemento que ha mantenido unida a la sociedad» y «los ideales de igualdad y libertad». Atesoraba y respetaba tanto la historia nacionalista como la unionista de Irlanda del Norte, y promovía el pensamiento y el diálogo intercomunitarios en sus escritos y charlas. Frank recorrió el camino inca hasta Machu Picchu con su hijo John en 2013; también había recorrido el camino del Yukón en Alaska con su hermano Denis. Había recorrido el Camino de Santiago en España varias veces, la más notable haciendo todo el trayecto como peregrino a los setenta años con su esposa Kathleen.

Al día siguiente me encontraba muy cansado. Me asaltaron las dudas y empecé a cuestionarme si volvería a hacer el Camino o no. También recibí algunos mensajes ansiosos de James, que estaba preocupado de que yo no regresara. Acababa de pasar cuatro días en Belfast, solo me quedaban dos semanas de vacaciones y lo más fácil habría sido quedarme en casa, sobre todo porque estaba muy cansado. Una vez más, me resultó útil hablar con mi superior jesuita y exponerle los pros y los contras. Hizo algunas observaciones muy buenas sobre el hecho de que yo ya había discernido hacer el Camino, había destinado este tiempo para ello y me había comprometido con James, que me esperaba en el sendero. En un mensaje de texto, me había recordado puntualmente una de sus canciones favoritas, *You've Got a Friend* [Tienes un amigo], cantada por James Taylor. Yo también tenía un vuelo de vuelta al día siguiente, así que, con algunas dudas, empaqué mi equipo del Camino, listo para regresar al aeropuerto.

Punto de reflexión. Ignacio tenía una regla muy útil: «no tomes una decisión en la desolación». Aunque la desgana y la fatiga son comprensibles después de acontecimientos intensos, es importante darse cuenta de que estar en tal estado significa que no es un buen momento para tomar decisiones. Llamada «desolación» en términos ignacianos, tiende a dar lugar a pensamientos a corto plazo y a socavar las buenas decisiones tomadas con anterioridad. Lo sensato suele ser esperar a sentirse mejor y pensar en el impacto a largo plazo; o al menos atenerse a las buenas decisiones tomadas previamente durante la consolación. Es importante «actuar contra» la tendencia a cambiar las decisiones, alimentando una mayor desolación, inacción y negatividad, por muy seductoras que estas sean.

Mientras tanto James, ahora por su cuenta, había continuado en el Camino y las cosas se estaban poniendo feas. En la etapa 10, de Alcanadre a Calahorra, una caminata de unos 22 km, se había encontrado con más problemas. Había salido temprano esa mañana con abundante agua y comida, ya que no había ningún otro pueblo en medio. A mediodía el calor era intenso y hasta entonces no se había encontrado con un solo coche o persona en el camino. Aún le quedaban más de 5 km, pero se había vuelto a quedar sin agua, sus piernas habían empezado a temblar y se sentía inestable sobre sus pies. Rezaba con todas sus fuerzas para poder seguir avanzando, ya que sentía que si se sentaba ya no se podría levantar. Entonces, a la vista de Calahorra, se sintió muy mal y notó que el dorso de sus dos manos estaba muy hinchado por las picaduras de algunos insectos. Llegó a una curva y vio que se acercaba un coche de policía. Desesperado, se paró en medio de la carretera para que se detuvieran. Les imploró que lo llevaran ya que no se encontraba bien, mostrándoles las manos hinchadas y signos evidentes de agotamiento y deshidratación por el calor. Querían llevarlo al hospital, pero James se negó. Entonces lo llevaron al albergue San Francisco de Calahorra, donde le consiguieron una habitación. Estaba en un estado tan debilitado que tuvieron que ayudarlo a entrar en su habitación. Afortunadamente, con mucha agua y comida, empezó a recuperarse rápidamente. Sin embargo, más tarde tuvo que acudir al hospital local para recibir una inyección antihistamínica para las picaduras de los insectos. Milagrosamente, a la mañana siguiente se sentía bien, pero como la previsión era de más de 40 grados, decidió sabiamente quedarse otra noche en el albergue y recuperarse del todo, mucho más precavido ante el calor y sus peligros. Muy escarmentado por la experiencia, James creía firmemente que su «rescate» se había debido a la gracia de Dios, obrando a través de estos buenos samaritanos.

Capítulo 4
De nuevo en la carretera

AL DESPERTARME TEMPRANO, me levanté rápidamente y cogí mi mochila, listo para la acción al más puro estilo del Camino. Abajo, en la cocina, me esperaba mi superior jesuita, Tom. No solo me había ayudado a tomar la decisión de volver a España, sino que también me llevaba en coche al aeropuerto. Le estaba muy agradecido por todo su apoyo y cuidados, la viva encarnación del servicio humilde en su papel de superior.

La historia de Tom

Tom Layden es el mayor de tres hermanos. Aunque nació en Dublín, creció en Keadue, condado de Roscommon, antes de ir a un internado en el condado de Kildare, durante el cual la familia se trasladó a Greystones, condado de Wicklow. Conoció a los jesuitas mientras estudiaba en el Clongowes Wood College. Al salir del colegio, estudió historia en el University College de Dublín, tras lo cual ingresó en el noviciado jesuita en septiembre de 1979. Estudió filosofía en el Instituto Milltown de Dublín y después enseñó durante tres años en el Belvedere College de Dublín.

Realizó sus estudios de teología en el Regis College de Toronto antes de ordenarse sacerdote en Dublín en 1991. A continuación fue capellán y profesor en el Belvedere College durante tres años. Después enseñó durante dos años en Crescent College Comprehensive, Limerick, seguido de un año como capellán escolar en Coláiste Iognáid, Galway.

En 1998 fue enviado en misión a Belfast, donde trabajó durante doce años en diversos ministerios, entre ellos el ecumenismo, la dirección espiritual y la educación de adultos. A continuación, fue nombrado provincial de los jesuitas en Irlanda, tomando posesión de su cargo el 31 de julio de 2010 y terminándolo a principios de enero de 2017. Tras un tiempo sabático, en septiembre de 2017 fue enviado de nuevo a Belfast, donde continúa con su ministerio en el ecumenismo y es superior de la comunidad.

Más tarde ese mismo día llegué de nuevo al aeropuerto de Bilbao para mi segunda vuelta al Camino. Decidí no hacer todo el viaje de vuelta en un solo día, ya que había sido demasiado agotador la primera vez. Rompí el viaje con una estancia en la playa, en Zarauz, a un corto trayecto en autobús, lo que me ayudó mucho. Encontré una habitación barata por internet, aunque era un largo y empinado paseo fuera del pueblo, un lugar sin alegría en lo alto de un bloque de apartamentos. Nadar en la playa aquella tarde bajo el sol, sin embargo, fue un hermoso ritual que me marcó profundamente. Fue un cambio de ritmo necesario que me desaceleró y creó un espacio para reflexionar y hacer duelo. Parecía hacer justicia a la pérdida de mi tío, respetando el proceso de duelo y honrando su memoria. También proporcionó la transición necesaria para volver al mundo del Camino.

Punto de reflexión. La tentación es siempre hacer las cosas de la forma más eficaz y rápida posible, especialmente los viajes y las transiciones. El problema es que como seres humanos necesitamos tiempo y espacio para procesar nuestra experiencia; no somos máquinas, aunque la tecnología y el mundo moderno nos quieran hacer creer eso. El potencial de desconexión, de «adormecimiento» y de no estar realmente presentes es muy alto. El enfoque ignaciano consiste deliberadamente en hacer una pausa y dedicar tiempo a la reflexión, lo que nos permite experimentar los sentimientos, reconocer lo que ha sucedido y vivir plenamente nuestros momentos para procesar el pasado y estar plenamente presentes para nosotros mismos y para los demás en el futuro.

Me preguntaba por qué había vuelto a Zarauz en concreto. Me resultaba muy familiar, sobre todo viendo las flechas amarillas del Camino. Entonces recordé que había pasado por allí en 2011 en mi aventura del Camino de Santiago del Norte[1]. Tenía un claro recuerdo de haberme detenido en un banco junto a las olas rompientes una mañana temprano. Fue un momento de calma y tranquilidad en lo que fue una turbulenta historia de dolor tras perder trágicamente a mi hermano. Ahora, casi once años después,

---

1. Brendan McManus, SJ, *Redemption Road. From Grief to Peace through Walking the Camino de Santiago*, Loyola Press, Chicago 2016.

era una oportunidad para sentarme junto a esa misma gloriosa playa, en duelo por mi tío, y reflexionar sobre lo que había sucedido mientras tanto. Aquella experiencia del Camino había sido uno de los grandes momentos de curación que me permitieron seguir adelante, comprender y ayudar a otros en situaciones similares, y emprender nuevos y diferentes viajes. Esta era una nueva experiencia de Camino, y tenía claro que esta consistiría en ayudar a James, acompañándolo en su peregrinación.

A la mañana siguiente, tras un autobús local a San Sebastián y un delicioso baño matutino, tomé un autobús interurbano a Zaragoza. Estaba ansioso por retomar el Camino y reencontrarme con James, a quien había echado de menos. Me vino a la cabeza la canción *Back on the Road Again* [De nuevo en la carretera] de Canned Heat. Me sentí fortalecido por la experiencia del funeral y de haber estado fuera, y ahora me sentía preparado para lo que nos deparara nuestro viaje juntos. Para alcanzar a James, que ahora me llevaba cinco días de ventaja, tuve que saltarme varias etapas (esto está mal visto en algunos círculos del Camino) y trabajar con mis motivaciones contradictorias. Una parte de mí quería recorrer toda la ruta por mi propia sensación de logro, pero tenía la fuerte sensación de que estaba siendo llamado a acompañar a James en su viaje. Este pequeño discernimiento me ayudó a aclararme, a dejar de lado mis propios planes y a centrarme en James y en nuestro retiro juntos.

Punto de reflexión. La peregrinación nunca tiene que ver con el viaje físico, con la «consecución personal» de un plan u objetivo establecido. Se trata más bien de la calidad del viaje, de la experiencia interior y de la intención (discernimiento), que es mucho más difícil de cuantificar. Lo importante es la libertad y la flexibilidad ignacianas. Es decir, la voluntad de cambiar de planes y adaptarse a las nuevas circunstancias según lo exija la realidad. «Dios está en lo real, no en lo ideal», y la vida nos lanza situaciones que ponen a prueba nuestra libertad y adaptabilidad. En este sentido, la vida es la verdadera peregrinación, «encontrar a Dios en el desorden»[2] y fluidez dinámica, fuera de nuestros planes e intentos vanos de controlar las cosas.

Irónicamente, en este viaje en autobús estaba sentado con otra peregrina del Camino de Santiago, Caren, de Estados Unidos, que estaba cambiando de ruta a medio camino, de la ruta del norte a la ruta principal (camino francés). La ruta del norte, relativamente rural, no había cumplido sus expectativas de lo que debería ser un Camino. Ya había recorrido la ruta francesa y había tenido una experiencia maravillosa que deseaba repetir. Me sentí muy identificado con ella por mi propia experiencia en diferentes rutas del Camino, especialmente en lo que respecta al peso de las expectativas que pueden frenarte[3]. Le aconsejé que no idealizara demasiado una ruta o experiencia en particular, aunque ella parecía decidida a seguir

---

2. Brendan McManus SJ y Jim Deeds, *Finding God in the Mess. Meditations for Mindful Living*, Messenger Publications, Dublin 2023 (edición revisada).
3. Brendan McManus, *The Way to Manresa*, Messenger Publications, Dublin 2020.

su propio plan. Le deseé lo mejor cuando se apeó y recé para que le fuera bien en su próximo regreso al Camino.

Punto de reflexión. Las expectativas infladas y el deseo de repetir experiencias anteriores pueden convertirse en apegos inútiles que nos atrapan en el pasado e impiden aceptar nuevas realidades. Sin ser examinadas, las expectativas pueden convertirse en ídolos que dominan nuestro pensamiento y nos quitan la paz, necesitando una revisión de la realidad para hacerles frente. La libertad ignaciana es lo contrario: aceptar libremente las nuevas condiciones o circunstancias como dones, sin dejarse limitar por ideas preconcebidas o expectativas, para encontrar la novedad de Dios en las situaciones actuales.

Esa noche me alojaba en la comunidad jesuita de Zaragoza y tuve una gran bienvenida de mi contacto allí, David Fagundo, SJ, que me recibió al bajar del autobús. Fue encantador compartir una comida y una liturgia con compañeros jesuitas a los que no conocía. Me agasajaron con una agradable velada de charla y buena compañía, e incluso me prepararon un almuerzo para el día siguiente. Ya había visitado la ciudad unas semanas antes como parte del curso en el que estaba, así que no sentí que me estuviera perdiendo nada por quedarme en casa. Una vez más, reflexioné sobre el valor de la hospitalidad, sobre cómo acoger al extranjero es uno de los grandes valores evangélicos.

A la mañana siguiente, aturdido por el madrugón de las cinco, cogí un autobús local hasta un barrio de las afueras de la ciudad. Un corto paseo me llevó al sendero, y a la luz de la luna salí desde la encantadora pero calurosa Cartuja Baja, junto el río. Me consoló mucho estar de nuevo en el Camino, andando por el campo a media luz, en esta «hora mágica», entre la noche y el día. Ocurre todos los días, por supuesto, pero a menudo me lo pierdo. Estaba reflexionando sobre estos momentos de transición en el día que se llaman «espacio liminal». Son momentos sagrados de asombro ante la enormidad del universo mientras el mundo gira hacia el amanecer. Fue un verdadero momento de oración, una toma de conciencia de lo «real» que se me manifestaba en el camino.

Pensé que era otro comienzo, que empezaría a caminar de nuevo y completaría el Camino desde este punto, sin tener del todo en cuenta que James aún me llevaba dos días de ventaja. El día fue un confuso torbellino de calor mientras caminaba por crestas de esquisto y líneas de cercas, acompañado por cientos de conejos. Fue una lección sobre los efectos del calor, ahora dramáticamente aumentado en la hondonada del valle del Ebro y el comienzo del desierto de los Monegros. A las once de la mañana el calor había alcanzado los 30 grados y yo lo estaba pasando realmente mal. Cada hora parecía ser más difícil a medida que me iba deshidratando, a pesar de beber mucho, y sentía el calor intenso y opresivo mientras buscaba continuamente la sombra. Hacia el mediodía buscaba refugio bajo un puente, a solo un kilómetro de mi destino, pero sintiéndome atrapado, reacio a aventurarme a salir bajo el calor abrasador y teniendo que obligarme a hacerlo. Esa noche la pasé en una habitación barata de un albergue con aire acondicionado, rehidratándome y recuperándome. Muy escarmentado, me di cuenta de que tendría que empezar y terminar antes la jornada. Además, tendría que conseguir un medio de transporte para alcanzar a James, ya que caminar más rápido no era una opción. Mi ingenuo optimismo inicial se hizo añicos y sentí el amargo sabor de lo que James ya había experimentado.

Punto de reflexión. Aunque podamos tener grandes ideas y planes, es en la realidad concreta donde hay que encontrar a Dios. Esto implica cierto nivel de conciencia y reflexión sobre lo que estamos viviendo, y luego adaptarnos a las circunstancias tomando decisiones concretas. Esto es más difícil de lo que parece, ya que las ideas y las expectativas pueden ejercer un gran control sobre nosotros.

Capítulo 5
Cómo afrontar la desolación

DECIDIDO A APRENDER LAS LECCIONES, al día siguiente salí a la carretera antes del amanecer con una linterna frontal, aliviado de salir al aire fresco. Al salir el sol fue apareciendo un paisaje de campos y vastos canales de irrigación. Recorrí un tramo recto expuesto siguiendo una vía férrea y luego me topé con unas obras en la carretera que bloquearon mi avance, además de cubrirme del polvo que despedían los camiones. Luego, milagrosamente, el desvío me llevó hasta el río Ebro y disfruté de un fresco sendero sombreado por la vegetación y salpicado de mariposas. No pude resistirme a darme un baño en el río para refrescarme y rematar una mañana encantadora.

Podía sentir cómo iba subiendo la temperatura incluso a esa hora tan temprana, y ya había decidido que me detendría pronto para evitar el calor. La canción *The Heat is On* no dejaba de darme vueltas en la cabeza, un irritante sonsonete. James, que me esperaba solo un día por delante, me había instado a que no saliera a caminar ese día debido al intenso calor (esta parte de España estaba experimentando lo peor de la ola de calor en ese momento).

Pensé que tenía que haber una forma equilibrada de hacerlo, evitando los extremos de andar demasiado con el calor o mantenerse al margen por completo. Por lo tanto, aunque solo eran cerca de las 10 y solo había recorrido unos 10 km, sabía que la caminata casi había terminado por ese día.

Punto de reflexión. Tomar una decisión equilibrada consiste inicialmente en liberarse de las compulsiones o apegos negativos y ser capaz de actuar conscientemente sin estar bajo su influencia. A continuación, es necesario un cierto grado de experiencia, reflexión y ajuste para alejarse de los excesos y encontrar un medio o equilibrio viable.

Empapado en sudor, me sentí aliviado al llegar al pueblo de Pina de Ebro, donde me tomé una limonada muy necesaria seguida de un café en una cafetería a la sombra, en la plaza principal. Al oír las campanas de la iglesia, entré en ella y descubrí que había una misa especial por el final del curso escolar de primaria. El cura, el padre José, era sumamente amable; parecía un *hippy* con su pelo largo y su barba desaliñada. Me dejó concelebrar con él en el altar para la misa del colegio Nuestra Señora de la Esperanza, a la que asistían sesenta o setenta niños junto con sus profesores. Pensé que me limitaría a estar en un segundo plano, pero José me sorprendió pidiéndome que leyera la primera lectura en mi «español de Fermanagh». Afortunadamente, era uno de mis textos favoritos, el de Elías en la cueva, oyendo la voz del Señor no en la tormenta, sino en la suave brisa:

«Entonces un viento grande y poderoso desgarró las montañas y destrozó las rocas ante el Señor, pero el Señor no estaba en el viento. Después del viento hubo un terremoto, pero el Señor no estaba en el terremoto. Después del terremoto vino un fuego, pero el Señor no estaba en el fuego. Y después del fuego vino un suave susurro. Cuando Elías lo oyó, se tapó la cara con su manto y salió y se paró en la boca de la cueva».

1 Reyes 19,9-18

Entonces José me sorprendió de nuevo pidiéndome que dijera unas palabras después del evangelio. Me puso en un aprieto, sin tener nada preparado. Pensando sobre la marcha, me dije: «¿Qué historia podría contarles para transmitir el mensaje?». Así que les hablé de lo que había estado reflexionando esa mañana en el Camino mientras caminaba tratando de encontrar una manera de lidiar con el calor extremo, que ahora alcanzaba los 40 grados en el exterior.

Les conté que había intentado encontrar el «camino del medio» que evitara los extremos y me permitiera avanzar un poco y disfrutar de la caminata. Para mí eso había significado levantarme temprano para evitar el calor y terminar temprano, en este mismo pueblo. Lo relacioné con la primera lectura: Dios no está normalmente en los extremos de las grandes tormentas ruidosas (por muy tentadoras que puedan ser), sino, paradójicamente, en la suave brisa. Intenté relacionar eso con sus vidas, que Dios no está en los grandes momentos dramáticos y milagrosos, sino en los acontecimientos cotidianos ordinarios de la familia, la escuela y las relaciones. Hablé de reconocer la presencia de Dios dentro de uno mismo, donde la «suave brisa» es la vocecita interior. Dios nos habla en la suavidad y la armonía de las buenas relaciones, cooperando con los demás, construyendo buenas familias y un entorno feliz. El padre José me dijo después que los niños recordarían esa historia.

Punto de reflexión. Dios está siempre con nosotros y especialmente en las cosas cotidianas, y nuestro trabajo consiste en estar atentos a la «pequeña y tranquila voz interior», en contraposición a la ruidosa y chocante voz de la desarmonía. Dios rara vez se encuentra en lo milagroso o dramático, por tentador que pueda ser. Más bien, Dios suele estar trabajando en los retazos de nuestras vidas, aunque darse cuenta de ello requiere cierto nivel de reflexión y discernimiento, es decir, hacer una pausa, mirar hacia atrás (reflexionar) e identificar los movimientos (discernir).

Tomando un café fuera, en la parte sombreada de la plaza, le expliqué el viaje del Camino que estaba haciendo con James, que iba un día por delante. Para mi sorpresa, José insistió en llevarme en coche 30 km a través del famoso desierto de los Monegros («colinas negras») hasta Bujaraloz, donde me esperaba James. Tuvimos una buena charla por el camino, encontrando muchos puntos en común en nuestras historias de vocación y ministerio.

La historia del padre José

La vida de José está marcada por su vocación sacerdotal. Ha ejercido su ministerio en más de una docena de comunidades parroquiales a lo largo de los últimos cuarenta años. Ingresó en el seminario menor a los diez años, pasando al seminario mayor para completar su formación académica y sus estudios teológicos. Siendo aún muy joven e inquieto, quiso experimentar el mundo fuera del seminario. Todos los veranos, desde los dieciocho años, buscó diferentes experiencias laborales que lo formaran, utilizando el dinero para pagarse los estudios. Trabajó en todas partes: en un balneario catalán, para una gran empresa en Suiza, en las minas de Andorra de Teruel; en un campo de trabajo en Ávila, vendimiando uvas en Francia y, finalmente, en la construcción en Zaragoza. Fueron años de amistades, experiencias y compromisos, que más tarde equiparó con el deseo del papa Francisco de que los sacerdotes conozcan «el olor de las ovejas».

Sin embargo, cuando se encontraba algo desubicado en el seminario, alguien le aconsejó que tal vez el sacerdocio no era el lugar para él. Lo dejó y se fue a trabajar a un barco pesquero en la costa mediterránea durante algunos años. Tenía poco dinero y vivía solo, pero tenía buenos amigos y relaciones. Gracias al aislamiento redescubrió su vocación, volvió a entrar en el seminario y cuatro años más tarde fue ordenado sacerdote. Disfrutó especialmente de su trabajo pastoral durante esos cuatro años y se sintió confirmado en su vocación refundada de «pescador de hombres». Desde entonces ha trabajado en varias parroquias locales, y acaba de terminar doce años en Pina de Ebro, tras los cuales irá a Zaragoza. Vive con un fuerte sentimiento de gratitud por todas las personas que han forjado su vida y por la oportunidad de forjar la vida de los demás. Tiene un cuidado especial por los numerosos peregrinos que pasan por el pueblo; los acompaña con su oración en su viaje (como hizo con nosotros, enviándonos mensajes de texto todos los días).

Cuando llegamos a Bujaraloz pude ver a James esperándome ya fuera del café / hostal, toda una hazaña con el calor que hacía. Fue un reencuentro emotivo después de todo lo que habíamos pasado. (Más tarde me confió que pensaba que yo no iba a volver). Sin embargo, enseguida me di cuenta de que no todo iba bien. No estaba seguro de continuar y quería dar por terminado el viaje. El día anterior había tenido un día terrible en el que había pensado que se había cometido un fraude con su tarjeta de crédito y había perdido sus gafas mientras esperaba un autobús en una sofocante estación de tren de Zaragoza durante seis horas. Durante ese tiempo, se había metido en una espiral negativa, de la que el intenso calor no ayudaba a salir.

Todo esto surgió durante la comida a la que nos había invitado el padre José junto con otro sacerdote polaco amigo suyo. Durante la deliciosa comida, James nos contó la historia de su reciente conato de insolación, su momento de bajón en Zaragoza y su deseo de volver a casa ya. Como los dos sacerdotes no hablaban inglés, tuve que hacer de traductor para James. Me impresionó mucho que José intuyera inmediatamente su abatimiento y desolación, y se dispusiera a darle la vuelta recordándole todas las cosas positivas que le habían pasado. Al final de la comida, volvimos a nuestro albergue con James de un humor mucho más animado. José nos había dicho que rezaría por nosotros todos los días y que quería vernos terminar en Manresa, lo que fue música para los oídos de James. Fue un encuentro notablemente providencial en muchos sentidos.

Punto de reflexión. La desolación significa alejarse de Dios, querer rendirse y perder la fe y la esperanza. Nos pasa a todos, pero es importante recordar que hay un engaño en ella: normalmente las cosas no son tan malas como la desolación nos quiere hacer pensar. También hay en ella una llamada de atención para dar la vuelta a nuestro pensamiento negativo (en AA lo llaman «pensamiento apestoso») y volver al buen camino. Esto exige «actuar contra» la desolación de forma activa y hacer la transición de vuelta a la consolación, que está marcada por la fe, la esperanza y la gratitud.

Esa noche James y yo nos pusimos al día como es debido tomando unos refrescos y una pizza en el café de abajo. Me explicó cómo había llegado a ese estado negativo, esperando seis horas bajo el calor en la estación de autobuses con todo, aparentemente, yendo mal. Se dio cuenta en la aplicación bancaria de su teléfono de que había sacado una gran suma de dinero el día anterior y, suponiendo que lo habían estafado, se puso en contacto con el banco para anular la tarjeta (resultó que su hijo la había utilizado). También perdió sus gafas (que le fueron entregadas más tarde). Se había puesto bastante nervioso, preocupado por el dinero perdido. Al no poder contactar por teléfono con ninguno de sus familiares, supuso lo peor sobre todo. Esto, sumado a la dura caminata que había tenido, lo llevó a querer terminar el Camino, y así pensaba decírmelo. Mirando hacia atrás, podía ver cómo había desproporcionado las cosas y cómo había permitido que los acontecimientos se vieran de una forma tan negativa y desoladora. Le pregunté qué había aprendido de todo esto, e identificó correctamente que la desolación se había apoderado de él el día anterior con todo lo que había sucedido. Sin embargo, el encuentro con José y nuestra reunión habían ayudado a darle la vuelta a todo. Le expliqué qué era la desolación y cómo se relacionaba con su experiencia.

Punto de reflexión. En tiempos de desolación, la gente se deja llevar por el mal espíritu, que intenta alejar a las personas de Dios y de lo bueno. Sienten la tentación de abandonar una actitud positiva, deshacer las buenas decisiones y adoptar como propios los pensamientos engañosos. La inquietud, la falsedad y una sensación de vacío caracterizan esta perspectiva negativa, que, una vez identificada, puede ser revertida a través de una acción decidida, y se pueden recuperar la consolación y la paz.

Esa tarde, James y yo celebramos juntos una misa muy sencilla. El evangelio era el texto del «Padre Nuestro» del evangelio de Mateo y tuvimos un coloquio sobre el perdón, sobre perdonarse a uno mismo y a los demás, y lo importante que era. Como exsoldado y exalcohólico, James podía identificarse con la sensación de pecado de

Ignacio durante su estancia en Manresa y su deseo de confesar y pedir perdón por su vida pasada. Le señalé cómo ese buen impulso de pedir perdón se convirtió luego en algo malo cuando se dejó atrapar por los escrúpulos, confesándose excesiva y repetidamente, lo que le llevó al punto del suicidio[1]. Al explicar esto aclaré que la esencia del pecado no era tanto el acto en sí, es decir, el pecado como una «mancha en el alma», la tendencia a pensar que soy una persona «mala», sino que consiste en dañar la *relación* con Dios –Dios me ha creado bueno y yo lo he estropeado, como el hijo pródigo o la hija pródiga–. Este último enfoque me permite hacer ese viaje hacia el lugar donde soy amado, igual que hace el pródigo.

Esencialmente, somos buenas personas, creadas por Dios a su imagen, aunque tenemos una tendencia a no vivir esta verdad. Por tanto, el pecado es «errar en el blanco», no vivir desde nuestra verdadera identidad o hacer lo menos posible. Como diría san Agustín, primero hay que comprender el amor de Dios para entender el pecado. El pecado es «un parásito del bien», un menoscabo de lo que realmente somos, de modo que te ves atrapado en una espiral negativa de pensar que eres una persona «mala» y que no hay perdón posible, como le ocurrió a Ignacio.

En consecuencia, invité a James a estar en paz con todo lo que había sucedido los últimos días y a seguir caminando, a lo que accedió de buen grado. Con ese buen sabor de boca, nos fuimos a nuestras respectivas habitaciones para acostarnos temprano antes del amanecer del día siguiente.

---

1. Joseph A. MUNITIZ, *Ignatius Of Loyola And Severe Depression*, https://loyol.ink/nx8hx

Punto de reflexión. El pecado solo es comprensible a la luz del amor de Dios por nosotros, en el sentido de que hemos sido creados a imagen de Dios, pero con libre albedrío y capacidad de elección. Equivocarse y elegir mal, que eso es el pecado, no cambia la estrecha relación fundamental con Dios. Nos permite entender el pecado como un alejamiento de Dios, sin embargo, y nos ofrece un camino de vuelta de humilde reconocimiento y reconciliación a través del amor de Cristo. Esta comprensión de nosotros mismos como «pecadores amados» es genuinamente transformadora.

Capítulo 6

La experiencia del desierto

SOBRESALTADO POR LO PRONTO QUE SONÓ EL DESPERTADOR, luché contra la niebla cerebral para empacar todo mi equipo y tenerlo todo listo para partir. Desayuné café y pasteles en la cafetería poco iluminada en la que me atendió el dueño. Salí un poco más tarde de lo previsto y el sol ya estaba despejando el horizonte cuando salí a la polvorienta calle. James seguía desayunando ya que no había oído el despertador y yo había tenido que despertarle.

Una vez fuera del pueblo, no había nada más que una amplia meseta o llanura abierta, los famosos Monegros. Sin sombra y en una carretera recta, me sentía expuesto y no perdía de vista el sol que se levantaba a mi izquierda. Sabía que este sería otro día difícil en la continua batalla contra el calor. Aun así, me alegré de salir a caminar y saboreé la soledad. Nada se movía en el árido paisaje, salvo algún conejo ocasional que corría en busca de cobijo. Finalmente, me topé con unos campos de maíz, que solo eran posibles gracias a los extensos sistemas de irrigación que rociaban arcos de agua sobre los verdes tallos. Recordé las palabras de Isaías:

«Mirad que realizo algo nuevo.
Ya está brotando; ¿no lo notáis?
Abriré un camino por el desierto,
ríos en el yermo».

Isaías 43,19

Más tarde, tomé un camino equivocado y me desvié un kilómetro más o menos. Mirando el mapa en mi teléfono encontré un atajo para volver utilizando una pista agrícola. Finalmente, la pista se agotó y crucé un campo recién arado, lo que resultó pesado. También tuve que dar la vuelta en un momento dado para evitar una zanja, resistiendo la tentación de tomar la ruta más directa. Estaba teniendo mucho cuidado, consciente de los problemas en los que me habían metido los atajos en caminatas anteriores. Finalmente, llegué a avistar la carretera, y me deleité con la emocionante visión de dos enormes águilas negras que emprendieron el vuelo a mi lado. De vuelta al Camino, me sacudí la suciedad de los zapatos y me puse en marcha de nuevo. Más tarde, me detuve a la sombra de una caseta de bombeo para beber un poco de agua; el calor aumentaba sin cesar bajo el implacable sol y sabía que tenía que llegar pronto a un pueblo.

Punto de reflexión. Todos tenemos estos momentos «desérticos» en nuestras vidas, que son pruebas difíciles, pero no imposibles de superar. A menudo significan desacelerar y adoptar un ritmo más tranquilo. Perderse también forma parte de la experiencia del peregrino, por supuesto, y es importante no agobiarse demasiado por ello y encontrar la manera de volver al camino. No se trata de hacer las cosas a la perfección, sino lo suficientemente bien como para seguir avanzando en la dirección correcta. El discernimiento es así, reflexionando continuamente y haciendo ajustes en el camino, para progresar lenta y constantemente.

Vi más conejos mientras caminaba por el polvoriento sendero de grava, consciente de que el sol estaba cada vez más alto. Al cruzar un pequeño puente sobre un arroyo, me topé con montones de pequeñas libélulas negras en un oasis pantanoso entre unas colinas bajas. El calor estaba alcanzando los 30 grados a las 11 en punto, rumbo a los 40 por la tarde, y yo ansiaba algo de sombra y respiro. La canción que había estado rondando por mi cabeza la mayor parte del día era *Electrical Storm* [Tormenta eléctrica] de U2, que parecía captar la pesadez del aire y el opresivo calor.

Me encontré con el acogedor pueblo de Peñalba que se extendía al sol en una hondonada entre colinas bajas. Aunque solo estaba a mitad de la etapa prevista de 21 km, tendría que servir. Mientras esperaba a James en una cafetería, consulté la página web del Camino Ignaciano en mi teléfono. El único alojamiento disponible era una casa rural a las afueras del pueblo, que reservé. Cuando James llegó, nos tomamos un bocadillo y un poco de limonada con mucho hielo, agradecidos de no estar ya al sol. Afortunadamente, el alojamiento estaba a corta distancia, subiendo una cuesta, aunque el calor abrasador era agobiante y la luz del sol cegadora. La casa, que compartíamos con unos jornaleros, resultó ser moderna y hogareña, llena de estampados brillantes y muebles de madera. Lo más importante es que tenía aire acondicionado y todas las comodidades modernas. Nos instalamos para pasar la tarde y la noche, celebramos misa juntos, charlamos y vimos una película en la televisión. Se estaba tan bien fuera del calor debilitante. Más tarde, en una breve visita a las tiendas para comprar comida, no podíamos creer la abrasadora ráfaga de aire caliente, lo que confirmó lo acertado de nuestra elección de terminar temprano.

Punto de reflexión. A menudo, lo importante es ser capaz de desprenderse de objetivos y expectativas poco realistas, y, en su lugar, ser obedientes a la realidad en la que nos encontramos. Ser flexible, creativo y tomar buenas decisiones en las circunstancias particulares es más difícil de lo que parece, ya que los planes fijos, los ideales y los objetivos preestablecidos pueden imponerse. La libertad ignaciana consiste en desprenderse de estos apegos engañosos para tomar mejores decisiones. «La discreción es la mejor parte del valor», o, en lenguaje ignaciano, discernir las buenas decisiones es ser humilde ante la realidad (que es donde está Dios).

Al día siguiente decidimos quedarnos en el mismo lugar y no caminar hasta el otro día, cuando se preveía que la ola de calor habría pasado. Ambos estábamos notando los efectos de la exposición al sol y de caminar bajo el calor –realmente era agotador, tanto física como mentalmente–. Fue estupendo tener un día libre y disponer de un lugar fresco donde poder descansar del sol abrasador. Todo fue una lección de «*body-liness*», o consciencia de nuestros límites humanos, y de cómo hacer frente a la apremiante realidad de la ola de calor. Ya habíamos aprendido que había un límite en la distancia que podíamos caminar con el calor (James casi había tenido que ser hospitalizado anteriormente). Nuestros cuerpos nos estaban educando sobre los efectos de la deshidratación, lo que significaba que teníamos que beber mucha agua continuamente, una lección de humilde obediencia. Era un equilibrio delicado.

Punto de reflexión. Ser plenamente humano significa aceptar con humildad que hay límites que deben observarse en situaciones extremas. Ser capaz de leer las señales que nos da nuestro cuerpo es crucial; hay una cierta cantidad de estrés saludable que el cuerpo puede soportar, pero por encima de eso el riesgo de lesión es muy real. Todos estos son recordatorios de nuestra mortalidad, limitación y conexión esencial con la naturaleza y el mundo. Respetar los límites y actuar en armonía con nuestra humanidad, sin embargo, aporta verdadera alegría y paz.

Esa noche tuvimos una gran conversación sobre lo que estábamos aprendiendo de esta peregrinación tan especial. Había habido algunas lecciones duras, pero en general era muy consolador y lo estábamos haciendo bien a pesar de los retos. Ambos habíamos recorrido rutas anteriores del Camino y esta nos parecía mucho más desafiante y también más gratificante. Había algo muy ignaciano en esta experiencia de límites y discernimiento cuidadoso; exigía una gran autoconciencia, flexibilidad y una buena capacidad de tomar decisiones, sobre todo hablando las cosas juntos. Habíamos desarrollado un fuerte vínculo mientras encontrábamos un camino a través de la ola de calor y esto fue una gran alegría. Irónicamente, aunque fue una peregrinación poco ortodoxa en muchos sentidos, llevábamos un estilo de vida básico de peregrinos y teníamos que confiar más en la providencia para el alojamiento, la comida y la salud. Nada podía darse por sentado. La lectura del evangelio de la misa de esa tarde no podía haber sido más apropiada:

> «Por eso os digo que no andéis angustiados por la comida [y la bebida] para conservar la vida o por el vestido para cubrir el cuerpo. ¿No vale más la vida que el alimento?, ¿el cuerpo más que el vestido? Fijaos en las aves del cielo: no siembran ni cosechan ni recogen en graneros, y sin embargo, vuestro Padre del cielo las alimenta».
>
> Mateo 6,25-26

Después James me puso su canción favorita, *Brothers in Arms* [Hermanos de armas], de Dire Straits. Fue especialmente conmovedora en ese momento, ya que captaba nuestra creciente cercanía y la continua batalla contra el calor. Fue un final apropiado para un día especial, corto en caminatas, pero largo en aprendizaje, y nos retiramos temprano.

Capítulo 7

Huida del desierto

P ARA GANAR TIEMPO Y SALIR DEL DESIERTO, tomamos un taxi temprano por la mañana hacia Lleida, a unos 70 km de distancia. Nuevamente, fue una buena decisión y nuestra única opción, en cierto modo. Las distancias eran demasiado grandes y el calor demasiado intenso, así que humildemente llamamos a un taxi que nos transportó con la comodidad del aire acondicionado hasta la ciudad. Al cruzar el río Cinca, a la salida de Fraga, respiramos aliviados al dejar atrás el desierto y entrar en Cataluña. Aquí la vegetación era más verde, con numerosas plantaciones de frutales. Pedimos al conductor que nos dejara a las afueras de la ciudad, para recorrer a pie los últimos kilómetros. Desde allí fue fácil encontrar el río Segre y seguimos tranquilamente las aceras frescas y sombreadas hacia la ciudad que despertaba.

Tropezamos con la parroquia jesuita de Sant Ignasi de Loiola, que tiene una fachada discreta en la planta baja de un edificio de oficinas. Precisamente, era la fiesta del Corpus Christi y entramos con la intención de asistir a la misa de las 10. Casi de inmediato, nos encontramos con el párroco, Roger, quien amablemente insistió en llevarnos a la cercana comunidad jesuita, diciéndonos que había una misa más tarde a la que podríamos asistir. La comunidad jesuita estaba en la novena planta de un bloque de apartamentos, un laberinto de pasillos y habitaciones. Incluso a esa hora tan temprana el calor arreciaba y agradecimos estar dentro, beber un poco de agua fría y admirar la vista del río.

La historia de Roger

Roger tiene cuarenta y siete años y es sacerdote jesuita. Es párroco de la iglesia parroquial de los jesuitas en Lleida y dirige la Fundación Arrels Sant Ignasi, cuya misión es acompañar y servir a las personas en situación de extrema pobreza de la ciudad, muchas de ellas sin hogar y que sufren adicciones. Nació en esta ciudad, donde estudió en el colegio Claver, dirigido por los jesuitas y situado en el campo, rodeado de bosques y viñedos. Atribuye a su familia, con su sensibilidad religiosa y artística, el don de la fe y la creatividad. La escuela desarrolló aún más la combinación de fe, creatividad y sensibilidad social que lo fue configurando.

De niño, aprendió los valores de la vida sencilla y la conciencia de la presencia de Dios en su parroquia local. En su adolescencia y juventud descubrió la dimensión comunitaria en las Comunidades de Vida Cristiana dirigidas por los jesuitas. Roger se sintió especialmente conmovido por el asesinato de los mártires de El Salvador en 1989. Este acontecimiento impactó en su parroquia, porque el párroco de entonces, el padre Rafa de Sivatte, conocía muy bien a la comunidad de la UCA. Este acontecimiento marcó a Roger porque vio en aquellos jesuitas el compromiso de vivir para los más pobres.

Este deseo de una vida sencilla, de servir a los pobres, de seguir a Jesús y de vivir en comunidad ocupó su cabeza y su corazón durante algún tiempo y lo llevó a pensar en los jesuitas. Por aquel entonces, él estaba estudiando humanidades en una universidad en Barcelona, pero algo faltaba en su vida: estar al servicio de los pobres. Se sintió llamado a la vida religiosa y, a los veintiún años, decidió pedir ingresar en la Compañía de Jesús. Una vez que terminó el noviciado y sus estudios en humanidades, estudiar filosofía y teología fue difícil. En esa época su formación se basa en Barcelona, viviendo siempre en pequeñas comunidades en barrios humildes. Dedica su vida a estos tres pilares: la juventud, las personas en situación de pobreza y la vida comunitaria. Está muy agradecido a la presencia de Dios a lo largo de todos estos años por haberle puesto en contacto con tanta gente buena y haber dado sentido a su vida.

Volvimos para la misa del mediodía, en la que concelebré. Después hubo una bendición especial para los enfermos. Como parte de la oración de los fieles, leí en voz alta algunas de las intenciones de James para su familia, amigos y compañeros veteranos. También había persuadido al músico para que lo apoyara mientras cantaba *Amazing Grace* después de la comunión. Después, pude ver que todo ello lo embargaba de emoción. Esta experiencia del Camino lo había puesto a prueba. También había sido una mañana intensa, con la «huida del desierto» en taxi y luego siendo recibidos tan calurosamente en el corazón de la comunidad jesuita y de la parroquia local. Después de un agradable almuerzo en la comunidad jesuita, el superior, Alexis, sacó dos guitarras y nos lanzamos a cantar improvisadamente desde baladas irlandesas hasta folk americano, pasando por los Beatles. Los miembros de la comunidad aplaudieron con entusiasmo el concierto en su comedor.

Al ver a James haciendo lo que le gusta, cantando a pleno pulmón y uniendo a la gente, me sentí lleno de afecto hacia él. Era un riesgo caminar con otra persona, sin conocerse de antemano, y luego verse inmerso en esta intensa experiencia de vivir y caminar juntos. Habíamos llegado a conocernos muy bien, con todos nuestros dones y nuestros fallos, y todo estaba al descubierto.

Atravesar ese desierto por ese sendero abrasador fue una experiencia muy dura, y la compañía era muy necesaria, de hecho, esencial.

Sin embargo, éramos completamente opuestos en muchos aspectos. James era un taxista extrovertido de la ciudad, donde la conversación es la moneda de cambio, mientras que yo era un poco más introvertido, un sacerdote reflexivo cuyo mundo es el silencio y la contemplación. Esta relación no debería haber funcionado a tantos niveles, pero encontramos la manera, al verdadero estilo ignaciano. Lo fundamental fueron algunas conversaciones muy directas para comunicarnos lo que queríamos y necesitábamos el uno del otro. Luego siguió el proceso de conocernos poco a poco, a través de la exposición continua del uno al otro en los altibajos del camino, y la negociación de una relación.

Capítulo 1
James y su sobrino David Farrell en la primera etapa desde Loyola.

Capítulo 4
Las charcas secas en el sendero
de Cartuja Baja.

Capítulo 5
Almuerzo en Bujaraloz con el padre José (centro), su amigo
sacerdote polaco (izquierda), Brendan y James.

Capítulo 6

Brendan intentando encontrar la ruta en el terrible desierto de los Monegros.

Brendan y James en Peñalba bajo un calor cegador de 35 grados.

Brendan y James sentados a resguardo del calor en la casa rural, en Peñalba.

Capítulo 8
Brendan y James en Cervera.

Brendan y James saliendo de Verdú al amanecer.

James y Brendan intentando hacer autostop en Pannadella.

Capítulo 9

Brendan, James y las Hermanitas de los Ancianos Desamparados
en su residencia de Igualada.

Capítulo 10

Brendan y James en el
santuario de Montserrat.

Capítulo 11

De izda. a dcha., James, Brendan y Devadhas celebrando
juntos la misa final en la Cueva de san Ignacio de Manresa.

Y esa fue la fuente de una gran alegría, poder apreciarnos mutuamente. Tuvimos que colaborar en el uso de las habilidades de cada uno para resolver los retos cotidianos del senderismo con un calor intenso y aprender a vivir juntos en espacios reducidos. También hubo que encontrar puntos en común, como el amor por la música y el canto, y enseñarnos cosas mutuamente: Yo pude ayudarle a entender mejor a Ignacio y él me enseñó los retos humanos de la vida moderna. Por último, tuvimos que colaborar estrechamente para organizar el alojamiento, las rutas y la comida, que no es poco.

Punto de reflexión. Encontrar a Dios en nuestras relaciones es fundamental. Todo el mundo es hijo de Dios y tiene ciertos dones y talentos, y hay que negociar las relaciones para sacar lo mejor de las personas. Inevitablemente, se trata de un viaje para conocerse, reconocer los puntos fuertes y débiles y construir un entendimiento común. Hay una gran necesidad de tolerancia, paciencia y sobre todo de perdón para desarrollar una relación. La consolación es poder trabajar juntos, negociar los momentos difíciles y hacer un uso creativo de los dones de cada uno en el viaje de la vida.

Esa misma tarde, le envié a James el texto evangélico de ese día del Corpus Christi (Lucas 9,11-17) y unas orientaciones de Kevin O'Brien[1] sobre el método ignaciano de contemplación. Quería que se hiciera una idea de cómo orar con la imaginación y dar vida a esta rica escena evangélica. Me imaginé que podría entrar en la escena, situarse allí

---

1. https://loyol.ink/h9vtq

como espectador y ver a Jesús mientras se movía, hablaba y enseñaba. Esto era todo un reto para él, que no estaba acostumbrado a esta forma de orar, pero lo intentó.

Después de una noche en la que no dormimos bien, debido al intenso calor y a la falta de aire acondicionado, James y yo decidimos quedarnos un día más en Lleida. Esto significaba tomarnos un descanso de la planificación, de preparar las mochilas y de soportar el calor, lo cual era muy de agradecer a estas alturas. Los dos sentíamos la presión, James más que yo, ya que había caminado mucho más y había cruzado las montañas vascas al principio de su viaje. Ahora yo era consciente de que mi principal trabajo era acompañarlo, así que no me costó mucho dejar de lado cualquier idea de completar estrictamente todas las etapas del Camino. Ya había renunciado a la idea de que recorrería todas las etapas después de reincorporarme al Camino en Logroño. La realidad había intervenido para invitarme a desprenderme de ese ideal. Al día siguiente tendríamos que coger un autobús para recuperar el terreno perdido.

Punto de reflexión. Intentar averiguar qué es lo mejor que se puede hacer —o sea, discernir— es complejo y exige mucha flexibilidad dependiendo de la situación. Normalmente significa comprometerse con toda la realidad en la que uno se encuentra (Dios está en lo «real»), y examinar todas las suposiciones o expectativas que aportas a una situación. A menudo puede ser liberador desprenderse de ellas, aunque es difícil, ya que pueden estar muy arraigadas y limitarnos mucho, por ejemplo «tengo que hacer a pie cada kilómetro del Camino y no tomar atajos». Esto es lo que se entiende por libertad ignaciana:

tener el valor de tomar buenas decisiones que nos lleven a una mayor sensación de consolación y paz, aunque vayan en contra de las «reglas» o expectativas internas que no nos ayudan.

Antes de que subiera el calor, di una vuelta por el casco antiguo, atraído por la catedral románica de la Seu Vella que dominaba la ciudad. Era festivo y todo estaba cerrado, pero disfruté paseando por el vasto complejo que muestra varios niveles de ocupación, desde las murallas de la fortaleza árabe del siglo IX, el monasterio templario del siglo XII y la fortaleza del siglo XIII remodelada por Jaime I. Me fascinó la erosión de la roca arenisca con el paso del tiempo, que crea un efecto de panal de miel, subrayando que nada dura para siempre. De regreso, tropecé con la encantadora iglesia románica de Sant Llorenç justo cuando terminaba la misa. El ambiente de oración, quietud y paz me llevó también a la oración. Era consciente de sentirme muy agradecido por todo lo que habíamos vivido en las últimas semanas y cómo Dios había estado obrando poderosamente. Cuando estábamos entrando en la última fase de la caminata en Cataluña, tuve la certeza de que Dios seguiría siendo generoso con nosotros.

Más tarde, James y yo desayunamos juntos en la comunidad jesuita. Nos pusimos a hablar de las aparentes similitudes entre los jesuitas y un ejército, un mito popular. Como antiguo soldado, James se quedó prendado de Ignacio y de su historia, identificándose mucho con él. Le expliqué que, aunque parezcan similares (el jefe de la orden se llama superior *general*; los términos *obediencia* y *misión* parecen del ámbito militar...) hay una gran diferencia en cuanto al modo de operar de los jesuitas y a cómo reciben y viven sus misiones. Le expliqué que la orden jesuita se basa en la oración y el discernimiento, y que incluso la obediencia jesuita es un proceso respetuoso de diálogo y búsqueda mutua de la voluntad de Dios. En ese sentido, la obediencia es intentar seguir al Espíritu, y la misión, lejos de tener un sentido militar, está al servicio del Evangelio. James parecía satisfecho con esta explicación, aunque, comprensiblemente, se relacionaba más con las imágenes militares.

Por la tarde, volvimos a reunirnos para tomar un café en una cafetería cercana con aire acondicionado. James me contó la conmovedora historia de su despertar espiritual. Se alistó en el ejército muy joven. Les estaba muy agradecido porque le dieron la oportunidad de desarrollarse y se convirtió en un buen boxeador y jugador de fútbol. Más tarde, sin embargo, se dio a la bebida y su vida tomó un rumbo muy malo. Finalmente, llegó a estar en una situación realmente baja. Una noche, al subir las escaleras, su mujer le lanzó una mirada muy inquietante (resultó que iba a abandonarlo esa misma noche). Entró en el cuarto de baño y, muy malhumorado, empezó a implorar a Dios que lo ayudara, suplicando de rodillas. Entonces, vio el rostro de Jesús en el espejo mirándolo. Este Jesús estaba herido y sangrando, como la imagen del Sagrado Corazón, y enseguida se dio cuenta de que esta mirada compasiva era por amor a él. Después rompió a llorar a lágrima viva en su dormitorio.

Esa misma noche acudió a una reunión de Alcohólicos Anónimos (AA) y nunca miró atrás. Fue superando todas las etapas del programa y volvió a la sobriedad, y de nuevo con su mujer y su familia. Como parte de su programa de Doce Pasos, también acudió a los monjes cistercienses de la abadía de Bolton, en el condado de Kildare, donde pasó algún tiempo encontrándose a sí mismo y aprendiendo a meditar, algo que sigue haciendo cada mañana. Unos meses más tarde, su mujer le enseñó la carta que había escrito aquella noche, diciéndole que se iba y que ya no podía soportar más su forma de beber. Reconoce que Dios salió a su encuentro en ese momento y lo ayudó a «dar un giro» o a «despertar» a su vida y a sus responsabilidades.

Punto de reflexión. En el corazón de los *Ejercicios espirituales* está la relación con Jesús y la comprensión de que Jesús sufrió y murió por mí personalmente. Esta percepción lo cambia todo; darse cuenta de que uno es amado e incluso de que es digno de que alguien muera por él es liberador y transformador. A veces hace falta un gran acontecimiento vital o un momento de crisis para darse cuenta de esta intuición cristiana fundamental, de que hay límites a nuestros propios esfuerzos o ego, y la libertad consiste en entregarnos totalmente a este Dios de amor. El programa de AA se basa en intuiciones muy similares y es muy ignaciano: darnos cuenta de nuestra propia incapacidad para controlar nuestras vidas y de nuestra total dependencia de Dios[2].

---

2. Un jesuita ayudó al fundador de Alcohólicos Anónimos, Bill Wilson, a dar forma y perfeccionar la espiritualidad de la conversión y la renovación de la vida. Robert FITZGERALD, SJ, *The Soul of Sponsorship*, Hazelden, Center City 1995; Jim HARBAUGH, *A 12-Step Approach to the Spiritual Exercises of Ignatius*, Sheed & Ward, Kansas City 1997. Véase también Brendan MCMANUS SJ,

En el camino de vuelta del café le señalé que Dios siempre está tratando de «encontrarnos», y que él, James, casualmente estaba abierto en ese momento, habiendo llegado, en esencia, al punto más bajo. Aunque James había experimentado este amor transformador de Dios, volvía una y otra vez a su miedo a perder la fe y retroceder. Como ya lo había expresado antes, le señalé que ese miedo o ansiedad recurrentes no procedían de Dios, y que lo fundamental era identificarlo como algo inútil y procedente del «mal espíritu». Le dije que no se desanimara en su camino, que tan evidentemente iba en buena dirección, y que no se desanimara ni se preocupara en exceso.

Punto de reflexión. El «mal espíritu», o el «enemigo de la naturaleza humana», como lo llama Ignacio, trabaja en dirección contraria al bien. Trabaja para sembrar dudas, inquietar a las personas y desviarlas del buen camino. En este caso, cuando una persona se está moviendo en una buena dirección y haciendo progresos, trabaja para deshacer esto, intentando hacer que se cuestione e invierta el progreso. Esto se manifiesta como desolación, dudas, ansiedad e inquietud, pero se ve más fácilmente a través de la reflexión (el Examen) o por medio de otra persona que te lo indique, por ejemplo un guía o director espiritual.

Satisfechos con un muy buen día y muchas buenas conversaciones, nos retiramos temprano ya que al día siguiente teníamos otra salida al amanecer.

The Way to Manresa, Messenger Publications, Dublin 2020, para una exploración más completa de este tema.

Capítulo 8
Desvío a Verdú

Uno de los lugares ignacianos clave, que no estaba en la ruta original de Ignacio pero se añadió posteriormente, es Verdú, lugar de nacimiento del famoso santo jesuita Pedro Claver. A través de una amiga española de mi curso ignaciano en Manresa tenía un contacto allí, Anna María Pijuan, que había prometido reunirse con nosotros y ser nuestra guía. Calculamos que podríamos coger temprano un autobús a un pueblo cercano (nuestros días de caminata eran cada vez más cortos) y que una caminata de dos horas nos llevaría a Verdú antes de que aumentara el calor. Debido a una confusión sobre la ubicación exacta de la parada del autobús, en el último momento acabamos teniendo que cruzar corriendo la carretera con nuestras mochilas y llegamos al autobús por los pelos. Fue otro de esos momentos peregrinos en los que la providencia nos sonríe y nos hace reflexionar sobre nuestro esfuerzo y la obra de Dios (la relación entre la gracia y la naturaleza). Tuvimos que hacer el trabajo de averiguar qué estaba pasando, darnos cuenta de que estábamos en la parada equivocada y cruzar la carretera a la carrera, y Dios estuvo haciendo lo suyo para que lo consiguiéramos en el último momento. Por los pelos, pero con una gran alegría de estar en camino.

San Pedro Claver fue un jesuita catalán que entregó su vida al servicio de los esclavos de Colombia en América Latina. Nació en 1580 en el seno de una sencilla familia católica de Verdú y estudió inicialmente en la universidad de Barcelona, donde destacó por su inteligencia y piedad. Ingresó en la Compañía de Jesús en 1601 a la edad de veinte años. Estudiando filosofía en Mallorca, conoció al famoso portero, el hermano Alfonso Rodríguez, que lo animó a ir a las nuevas misiones de América. Más tarde sería conocido como el «santo defensor de los esclavos negros» en el puerto de Cartagena de Indias, Colombia (tuve el privilegio de visitar su santuario allí varias veces). Cartagena era uno de los dos puertos a los que llegaban los esclavos procedentes de África para ser vendidos en Sudamérica, soportando duras condiciones. Durante treinta y tres años, de 1616 a 1650, Pedro Claver trabajó diariamente para atender las necesidades de los 10 000 esclavos que llegaban a Cartagena cada año.

Por eso me acerqué con cierta emoción a Verdú, construida de manera impresionante en torno a una fortaleza en lo alto de una colina, con James unos minutos detrás de mí. La carretera nos había llevado a través de colinas onduladas, viñedos y plantaciones de olivos, un cambio agradable con respecto al desierto. Me detuve justo fuera del pueblo para dejar que James me alcanzara y contemplamos juntos el impresionante paisaje que se desplegaba ante nosotros. Dejé que James se adelantara mientras yo daba otra vuelta alrededor de la ciudad para saborear las tranquilas plantaciones y las polvorientas carreteras. Cuando llegué, James ya estaba instalado en un café de una plaza cercana al centro. Me uní a él para comer en el exterior, observando cómo se desarrollaba la vida del pueblo a nuestro alrededor, ya que el café era el centro neurálgico de las comidas y la conversación. El dueño del café en particular se portó muy bien con nosotros, James había conseguido hacerse amigo suyo incluso sin saber español. Una de las canciones que sonaba en el equipo de música era *Radio*, de los Corrs, que al parecer había sido número 1 en España. Después, encontramos el nuevo y elegante albergue de peregrinos Pedro Claver, que Anna Maria había dejado abierto para nosotros, y lo tuvimos completamente a nuestra disposición.

Anna Maria se unió a nosotros poco después y nos obsequió con una maravillosa visita guiada individual al museo y santuario de Pedro Claver, situado en el edificio contiguo. A continuación, nos llevó a la iglesia parroquial de Santa María, del siglo XIII, con su portal románico y las esculturas góticas de la Virgen y Santa Flavia. Llamó nuestra atención sobre la figura de Cristo crucificado, supuestamente del siglo XIII y objeto de mucha devoción. Nos habló a la luz de nuestra conversación sobre el Sagrado Corazón y el amor de Cristo por nosotros. En la nave había un barroco policromado de madera de Agustí Pujol, escultor catalán del siglo XVII, y el fresco del altar era de Jaume Miguel. La atmósfera de oración y paz que irradiaba el edificio nos atrajo también al silencio y la oración. Después, Anna Maria nos llevó al edificio contiguo, al castillo fronterizo del siglo XII, con torre del homenaje y mazmorra, desarrollado posteriormente por los cistercienses como residencia-palacio. Había sido renovado en los últimos años y se había convertido en un centro comunitario utilizado para todo tipo de actos cívicos y recepciones. Anna Maria había sido la guía perfecta, bien informada y entregada, y muy amable con su tiempo. Sin embargo, lo más destacado del día fue la misa que celebramos los tres juntos en la capilla del santuario adyacente al albergue. El sencillo pero profundo rito de «partir el pan» parecía totalmente acorde con la vida y la misión de Pedro Claver, que se dio tan plenamente a los demás.

La historia de Anna Maria

Anna Maria nació en Verdú el 29 de agosto de 1948. Formaba parte de una familia numerosa de cuatro generaciones, que vivían todas juntas; es la mayor de dos hermanos. Fue educada en un colegio dirigido por las Hermanas Carmelitas de Vedruna en Verdú, donde estudió el plan de estudios normal más algunos cursos de contabilidad que la capacitaron para el trabajo de oficina. Trabajó unos años en una empresa agrícola de Barcelona antes de regresar a su ciudad natal. Al no tener muchas opciones allí, tuvo que recurrir a la costura y a trabajos agrícolas ocasionales. Hace unos veinte años, las mismas carmelitas formaron un Laicado Vedruna y fue una buena oportunidad para ella de profundizar en el Evangelio. Esta aplicación práctica del Evangelio como servicio le abrió los ojos en cuanto a las implicaciones y, a menudo, el coste del discipulado.

La relación de Anna Maria con el santuario de San Pedro Claver ha sido siempre una piedra angular de su vida. El sacerdote diocesano que originalmente lo dirigía era muy devoto del santo. La instruyó a ella y a otras personas acerca de Ignacio, enseñándoles oraciones e himnos clásicos. Cuando murió, los jesuitas se hicieron cargo del santuario y pidieron voluntarios para formar la «Asociación de Amigos de San Pedro Claver», de la que ella formaba parte. Se encargaban de dotar de personal al santuario, recibir a los peregrinos y cuidar del museo. Aprendió mucho de los grupos visitantes, ya que asistía a los sermones y a las charlas sobre cómo seguir el ejemplo de san Pedro Claver. Dice que la preparación de las grandes fiestas ayudó mucho a su espiritualidad.

Su vida sencilla continúa en este pequeño pueblo: ayudando a las monjas y en la parroquia, limpiando el santuario y cuidando de los peregrinos. Lo que admira de los peregrinos es su espiritualidad; le ayuda a vivir su fe y a estar siempre agradecida. Especialmente durante la pandemia, se vio abocada a su propia vida interior y llegó a apreciar más a los visitantes. Considera que su vocación es como la de Ana, la profetisa del evangelio de Lucas (Lucas 2,36-38), que, también sin marido, se dedicó al templo y a recibir a los demás.

Más tarde, James y yo tomamos una cena sencilla en el hostal, una pizza para llevar. Inspirados por Anna Maria, estuvimos hablando de Ignacio y Pedro Claver y de lo entregados que estaban al servicio de los demás. Nos pusimos a hablar de cómo consiguieron superar sus egos y de cómo podríamos aprender nosotros también a reducir los efectos negativos del egoísmo o el egocentrismo. Le hablé a James de la idea ignaciana de que todo es un don de Dios y de cómo tenemos que utilizar bien nuestros dones al servicio de Dios o desprendernos de ellos si se convierten en un estorbo. En ese sentido, un ego sano es una herramienta útil y, hasta cierto punto, una parte importante del ser humano; sin embargo, el ego también puede ser una fuente de gran egoísmo. Hablamos del cantante irlandés Bono, como un buen ejemplo de alguien que supo utilizar sus dones y su fama al servicio del mundo y de las buenas causas. También hablamos de cómo el ego puede dominar a una persona y puede descarrilar vidas y socavar el servicio a los demás.

Le envié a James el «Principio y Fundamento» ignaciano, que parecía encajar con este tema:

«El objetivo de nuestra vida es vivir con Dios para siempre. Dios, que nos ama, nos dio la vida. Nuestra propia respuesta de amor permite que la vida de Dios fluya en nosotros sin límites.

Todas las cosas de este mundo son dones de Dios, que se nos presentan para que le conozcamos más fácilmente y le correspondamos con más facilidad.

En consecuencia, apreciamos y utilizamos todos estos dones de Dios en la medida en que nos ayudan a desarrollarnos como personas que aman. Pero si alguno de estos dones se convierte en el centro de nuestra vida, desplaza a Dios y obstaculiza así nuestro crecimiento hacia nuestra meta.

En la vida cotidiana, pues, debemos mantenernos en equilibrio ante todos estos dones creados en la medida en que podemos elegir y no estamos atados por alguna obligación. No debemos fijar nuestros deseos en la salud o la enfermedad, la riqueza o la pobreza, el éxito o el fracaso, una vida larga o corta. Pues todo tiene el potencial de suscitar en nosotros una respuesta más profunda a nuestra vida en Dios.

Nuestro único deseo y nuestra única elección debe ser esta: quiero y elijo lo que mejor conduce a que Dios profundice su vida en mí»[1].

Más tarde, le pregunté a James qué le habían parecido estos días y esta peregrinación. Dijo que le había ayudado mucho y que «había ordenado su cabeza», aunque quería aferrarse a ello y temía perderlo (le repetí que nunca se pierde a Dios). Le pregunté qué iba a hacer diferente cuando volviera a casa. Dijo que iba a hacer cosas buenas, a ser positivo y a seguir recaudando dinero para obras benéficas.

A la mañana siguiente, nos levantamos antes del amanecer y salimos del pueblo a la luz de nuestras linternas frontales. Fue una caminata de 15 km hasta Cervera, donde planeábamos retomar la ruta principal del Camino. En una colina a las afueras de Verdú, hicimos una pausa para contemplar el pueblo, con la luz de la torre acentuada por la penumbra del amanecer. Había sido una visita inspiradora y el espíritu de Pedro Claver estaba muy presente en nosotros. Seguimos caminando en silencio, centrados

---

1. David L. FLEMING, *op. cit.*

en nuestros pensamientos y reflexiones, disfrutando de los viñedos y las plantaciones de olivos en el relativo frescor de la mañana.

Llegué yo antes a Cervera, entrando en el casco antiguo fortificado por la calle Mayor. Pasar junto a las altas casas adosadas apiñadas alrededor de una espina central fue como retroceder a la Edad Media. Esta calle me condujo a la plaza principal con la iglesia de Santa María y la *Paeria* (ayuntamiento) de estilo barroco. Los restos de las murallas del siglo XIV, un vestigio de esta ciudad históricamente estratégica, la convertían en una ciudadela impresionante incluso ahora. Cansado, encontré un lugar para sentarme a la sombra, con vistas al valle, mientras esperaba a James. La vista de una fértil llanura y del río Ondara era un alivio frente al árido desierto que habíamos experimentado unos días antes. Fue un momento natural de contemplación, mientras limpiaba mis gafas, y de dejar que las cosas se asentaran interiormente tras la caminata de la mañana.

Punto de reflexión. La reflexión es un simple ejercicio espiritual; es como esperar a que las ondas se disipen en un estanque para poder ver con claridad en su interior. En las profundidades interiores es donde está el tesoro, no en la superficie a menudo turbulenta, por eso necesitamos tiempo para dejar que las cosas se asienten. Necesitamos detenernos y limpiar nuestras gafas con regularidad, conscientes de los filtros y de las ideas impuestas que podemos aportar a las situaciones. Lo importante es dejar que se asienten las emociones «superficiales», tomarnos tiempo para bajar el ritmo y simplemente ser. Esto nos ayuda a ser capaces de ver más claramente la belleza que está en realidad presente (donde está Dios) y cómo estamos implicados en ella, porque estamos hechos de la misma «materia», hechos por el mismo Creador.

Nos reunimos en la estación de autobuses como habíamos planeado y, para evitar el calor a esas horas, hicimos un corto trayecto de quince minutos en autobús hasta lo que nos pareció una buena opción de alojamiento, La Pannadella, un motel recomendado por la oficina de turismo. En el autobús, una mujer nos oyó hablar y resultó que era inglesa, pero vivía y trabajaba en España. Annabel era enfermera y trabajaba en la zona. Le hablábamos de hacer el Camino Ignaciano y de lo duro que era con el calor. James insistió en decirle que yo era escritor, y ella exclamó: «¡Tengo tu libro en mi Kindle!». No tuvimos tiempo para nada más ya que el autobús llegó en ese momento. Prometimos mantenernos en contacto por Facebook.

El motel no era nada especial, las habitaciones eran básicas y sin aire acondicionado, lo que significaba una noche calurosa y sofocante con poco sueño. Como en muchos lugares de paso, no había un gran ambiente, el personal parecía cansado y desanimado. Un camarero mayor que nos registró en las habitaciones se mostró distraído y distante hasta el punto de tratarnos casi como una molestia. Entrar en las habitaciones fue una escapada del calor y del tedio de la recepción. Por suerte, tenían un menú del día económico, que era extenso y sabroso, y lo degustamos para comer. Más tarde volveríamos a tener el mismo menú para cenar. Entre medias hubo muchas horas de descanso y reflexión, breves reuniones al aire libre, a la sombra, y el consumo de muchas bebidas isotónicas para mantenernos hidratados. En un momento dado salí a dar un paseo y rápidamente me di cuenta de que aquello era solo una aldea, una parada de camiones con pretensiones, rodeada por campos de cebada y una muralla de calor agobiante. La guía lo describía como un puerto de montaña, pero eso parecía exagerado. Sintiéndome algo engañado, me retiré a mi habitación.

Esa misma tarde, James me estuvo preguntando por el Principio y Fundamento que le había enviado antes, en particular por la línea: «Pero si alguno de estos dones se convierte en el centro de nuestras vidas, desplaza a Dios e impide así nuestro crecimiento hacia nuestra meta». Hablamos de que el alcohol es el ejemplo más obvio de algo que puede apoderarse de nuestras vidas. Puede ser un don de Dios, pero mal utilizado es un terrible tirano, y la adicción no es obviamente lo que Dios quiere. Hablamos de varios tipos de adicciones: comida, ejercicio, porno, exceso de trabajo, etc. Se sintió feliz de tener claro este punto, de comprender lo que significaba para su vida y de saber reconocerlo en el futuro.

También señaló que en mi vida anterior, en el campo de la informática, Dios tampoco quería eso para mí. Reconocí que efectivamente era así, que el trabajo empresarial y el estilo de vida *yuppie*, aunque cosas buenas en sí mismas, no eran buenas para mí. Me alejaban de Dios, lo que experimentaba como desolación. Señalé cómo Dios trabaja a través de todo, está en todas las experiencias y, especialmente para mí, estaba interviniendo a través de la experiencia de desolación para llevarme a un despertar y a una búsqueda totalmente nueva que finalmente me condujo a los jesuitas. Le expliqué cómo Dios trabaja con nosotros, especialmente en nuestros sentimientos, en la vida interior (Dios habita dentro de nosotros, después de todo), y siempre está tratando de dirigirnos en la buena dirección.

Punto de reflexión. La desolación es un sentimiento incómodo que invita a las dudas, los miedos, la inquietud y la tentación. Nos *sentimos* más alejados de Dios durante este periodo, aunque en realidad es todo lo contrario. La paradoja es que la desolación contiene un mensaje oculto de alertarnos de que estamos en el camino equivocado y de impulsarnos a la acción. Cuando se detectan estas emociones de negatividad, sequedad espiritual y depresión, debemos actuar contra la espiral descendente. En lugar de esperar pasivamente a que pase esta «tormenta» de negatividad, Ignacio nos llama a dar pasos positivos para movernos en la dirección opuesta y volver al buen camino utilizando el discernimiento.

Durante la cena, cité las siguientes palabras de Ignacio a James: «La ingratitud es el mayor pecado y la raíz de todos los pecados. Es, en definitiva, la incapacidad de amar como Dios nos ha amado». También le envié una copia del Examen ignaciano de cinco pasos[2] que quería que hiciera cada noche, recomendándole que le dedicara

---

2. https://loyol.ink/a0pxt

al menos quince minutos. También añadí el punto ignaciano de que «el amor se muestra más en los hechos que en las palabras», subrayando la importancia de las acciones, las decisiones y los planes concretos para la vuelta a casa. Acordamos que al final de la peregrinación elaboraríamos un plan para que lo siguiera al regresar.

James repitió que quería mantener esta buena experiencia, pero que tenía miedo de perderla a su regreso. Volví a señalar que ese miedo no provenía de Dios y que tenía que actuar para no dejarse dominar por ese pensamiento negativo. Tenía que creer que había sido creado por Dios (por tanto, fundamentalmente bueno), que el espíritu habitaba en su interior (un «templo») y que Dios solo le tenía reservadas cosas buenas.

Punto de reflexión. Un punto de partida fundamental es aceptar que hemos sido creados por Dios y que nuestra felicidad reside en seguir la voluntad de Dios. Mediante la reflexión y el discernimiento podemos descubrir esta «señal GPS divina» en nuestro interior y utilizarla para tomar decisiones. Se trata esencialmente de un don del amor de Dios, dado gratuitamente, que podemos detectar, discernir y seguir. Esto equivale a una «sensación sentida» de ser llevados o sostenidos en el amor compasivo, que refleja nuestra identidad como «criaturas» (creadas por Dios). Lo bueno es que esto siempre está disponible para nosotros y nunca somos abandonados. En cualquier momento podemos recibir esta sanación y ayuda para nuestra reintegración, convirtiéndonos en quienes realmente somos.

Capítulo 9

Rescatados por unas monjas

Desde el principio, nada parecía funcionar aquella mañana. Habíamos quedado para desayunar juntos a las seis, pero cuando llegué James ya iba por la mitad. Para cuando había pedido café y un cruasán, un hombre con muletas se había sentado en mi sitio y tuve que quedarme de pie en la barra con todos los camioneros madrugadores. Nunca había necesitado tanto un café matutino.

Nuestro plan ese día era caminar la relativamente corta etapa de 15 km hasta Igualada, pero no llegamos demasiado lejos antes de que James se quejara de dolor en la pierna y dijera que no iba a poder caminar más. Perdimos por poco un autobús local para recorrer la corta distancia de vuelta al lugar donde habíamos pasado la noche anterior, y, cuando llegamos al motel, nos sentamos fuera en una mesa para sopesar nuestras opciones. Había otro autobús en treinta minutos y luego ninguno hasta por la tarde, así que pusimos todas nuestras esperanzas en ello. Sin embargo, cuando el autobús Alda se detuvo, el conductor no nos dejó subir cuando le dijimos el destino. Esto fue intensamente irritante; yo tenía el horario en mi teléfono con las paradas y parecía que era simplemente un conductor de autobús caprichoso que nos estaba poniendo las cosas difíciles.

Con pocas opciones más, volvimos a sentarnos, doli- dos por la negativa. Fue un momento duro; la mañana se nos escapaba a medida que el sol subía más y aumentaba el calor. Rezaba con todas mis fuerzas pidiendo ayuda en esta situación, una salida de este lugar caluroso y desa- gradable, en el que no queríamos estar y mucho menos pasar otra noche. Consideramos la posibilidad de llamar a un taxi, lo que habría resultado muy caro para nuestro mermado presupuesto, pero en vez de esto optamos por intentar que nos llevaran.

Punto de reflexión. Un punto clave es acordarse de orar en situaciones difíciles, especialmente cuando los niveles de estrés son elevados. La tentación es siempre pensar que Dios nos ha abandonado; aunque esto es sencillamente falso, nuestras emociones pueden dictar lo contrario. Tam- bién es crucial «rezar con el problema»; pedir ayuda ante una situación abrumadora ayuda a calmar la ansiedad, a recurrir a un poder superior y a estar más abierto a las opciones, es decir, a tomar mejores decisiones.

La camarera nos escribió muy amablemente un cartel en español con nuestro destino, Igualada, y yo empecé a acercarme con desgana a conductores y comensales para ver si nos llevaban. La mayoría fueron amables, pero o iban en dirección contraria o no podían llevarnos por la polí- tica de la empresa y el seguro. Una conductora que se inte- resó por nosotros nos explicó que esta parada de camiones estaba fuera de la ruta principal y que estaríamos mejor en la rotonda que había a un kilómetro. Sin embargo, sabíamos que nuestra única oportunidad era preguntar a los conductores cara a cara aquí.

Después de haber estado allí un par de largas horas, James estaba cada vez más desconsolado, aunque yo seguía esperanzado y rezaba con fuerza para recibir alguna ayuda. Entonces vi a unas monjas vestidas con sus hábitos bajándose de un minibús. Dentro del local, me acerqué a ellas para pedirles que me llevaran, explicándoles que era jesuita y que mi amigo, incapaz de andar, necesitaba que lo llevaran. Me sorprendió la inmediata respuesta positiva que obtuve de la madre superiora, que se llamaba Montserrat. No solo nos ofrecieron llevarnos a Igualada, donde tenían que recoger a otra hermana, sino que en realidad iban a Montserrat, nuestro destino del día siguiente. Mientras desayunaban, las esperamos fuera, maravillados por nuestra buena suerte y por la providencia. Poco después, su chófer ponía en marcha el minibús y todos partimos hacia Igualada. La residencia que ocupaban allí las monjas era un edificio extraordinario, que se asemejaba a un castillo, diseñado, al parecer, por un discípulo de Gaudí. Nos hicimos unas fotos allí con ellas mientras localizaban a la otra hermana que también viajaría con nosotros. Nos explicaron que pertenecían a una congregación, las Hermanitas de los Ancianos Desamparados.

De camino por la impresionante carretera serpenteante hacia Montserrat, James insistió en cantarles *Let it Be*. Como nunca habían oído hablar de los Beatles, tuve que traducirles la letra y explicarles el significado de la canción. Para los católicos, *Mother Mary* significa la Virgen María, aunque, al parecer, Paul McCartney la escribió para propia madre, María.

La historia de la hermana Montserrat

Montserrat nació en un pequeño pueblo de la provincia de Lleida llamado Gimenells. Sus padres eran gente sencilla, campesinos, y vivían la fe que habían recibido de sus padres. Le pusieron el nombre de Montserrat por la devoción de su madre a la Santísima Virgen María y porque querían que su primera hija llevara el nombre de la patrona de Cataluña.

Cuando tenía unos seis años, algunas hermanas venían a casa a pedir limosna y comida, y a ella la dejaban acompañarlas por el pueblo, compartiendo el poco pan y las provisiones que traían. Incluso en la escuela, cuando le preguntaban: «¿Qué quieres ser de mayor?», ella siempre respondía: «Quiero ser monja». Entonces, a los diez años, sin decírselo a sus padres, escribió a una escuela religiosa a la que asistía una amiga mayor, preguntando si ella también podía ir allí. Incluso llegó una carta del colegio para sus padres y tuvo que contarles lo que había sucedido. Para su sorpresa, le permitieron ir al año siguiente.

Este internado estaba dirigido por la Congregación de las Hermanitas de los Ancianos Desamparados, y allí se sintió como en casa y muy feliz, aunque echaba de menos a su familia. Al terminar el colegio, entró directamente en el postulantado y más tarde tomó el hábito de la congregación. En 1989 hizo su profesión perpetua, consagrando su vida a Dios «por completo y para siempre». Ha sido muy feliz dedicando sus habilidades y talentos a los ancianos pobres y desvalidos, ese sector de la sociedad a menudo olvidado y tan necesitado de amor y ternura para hacer presente la cercanía y el amor de Dios.

La carretera serpenteaba alrededor de los llamativos acantilados de roca rosada, dejando entrever picos y escarpadas caídas. Rocas, grava, arena y arcilla depositadas por los ríos hace millones de años habían sido elevadas por los desplazamientos de las placas terrestres, luego esculpidas y moldeadas por la erosión para formar los pilares curiosamente redondeados y las bandas de roca degradada de Montserrat. Hablaba de poderosas presiones, procesos ocultos y grandes transformaciones. Una vez más tuve que maravillarme ante este poderoso emplazamiento para un monasterio benedictino y para la oración y la reflexión. Podía imaginarme el asombro de Ignacio al llegar aquí por primera vez en 1522.

Al llegar al santuario de Montserrat (literalmente significa «montaña con dientes de sierra»), atravesamos el aparcamiento y las barreras y, como si fuéramos personas importantes, nos dejaron justo delante de la imponente basílica en el corazón del santuario. Llegamos a tiempo para la misa del mediodía, a la que asistimos junto con las hermanas. Era imposible no sentirse conmovido por la liturgia benedictina, bellamente elegante, el impresionante santuario presidido por la icónica estatua de la Virgen Negra y la multitud que abarrotaba la nave. Sentía una enorme gratitud por cómo habíamos llegado hasta aquí, toda una obra de la providencia.

Punto de reflexión. La gratitud es clave en la oración del Examen y en todo el sistema ignaciano; nos damos cuenta de lo mucho que somos amados y de lo cerca que Dios está de nosotros. Este ver todo como un regalo proviene de comprender lo mucho que hemos recibido y abre nuestros corazones al mundo. El objetivo es cultivar continuamente una «actitud de gratitud» que transforma cada experiencia y, de hecho, nuestras vidas.

Después de la misa fuimos al centro pastoral y nos registramos como peregrinos, nos dieron cama en el albergue y un vale para conseguir una cena a precio reducido en el bufé de la noche. Disfrutamos de un almuerzo ligero al sol en la plaza exterior del albergue, en lo que se convertiría en nuestro lugar para pasar el rato y observar a las hordas de peregrinos y turistas que pasaban por allí. Me conmovió mucho que James, sin consultarme, negociara con el guarda del albergue para conseguirme una litera separada donde pudiera rezar y reflexionar. Pasamos una agradable velada descansando en nuestras literas, saboreando el bufé de «todo lo que puedas comer» y contemplando la puesta de sol sobre la maravilla que era Montserrat.

Punto de reflexión. El santuario benedictino de Nuestra Señora de Montserrat, con su venerada estatua de la Virgen Negra y el Niño, fue donde Ignacio llevó a cabo algunos aspectos clave de su transformación. Entregando su espada y su daga durante una dramática vigilia que duró toda la noche ante el altar de Nuestra Señora, se entregó a Cristo, su nuevo Señor. Luego, vestido de saco como un mendigo, se despojó de su antigua vida. Aunque el proceso iba a durar muchos años, este fue un momento importante de ritual, símbolo y oración en un lugar clave de peregrinación de Cataluña. Del mismo modo, nosotros necesitamos momentos de rituales religiosos en nuestras vidas de compromiso y transformación.

Capítulo 10

Un encuentro de mentes y corazones

DESPERTÁNDOME TEMPRANO, como era mi costumbre, me dispuse a recorrer uno de los muchos caminos en los alrededores de Montserrat. Primero hice el viacrucis, que me sirvió de meditación matutina. Las estaciones que representaban las últimas horas de la vida de Jesús parecían hablarme de la profundidad del amor que Cristo me tiene personalmente. Después escogí el camino hacia la Cruz de San Miguel, situada en una imponente cresta que sobresale de la montaña y que ofrece algunas de las mejores vistas del santuario y del valle que hay debajo. El sol naciente bañaba la escena con una luz etérea que me produjo un nudo en la garganta. Abrumado por tanta belleza, tuve que sentarme y contemplar la vista con mucha gratitud. Regresé, rebosante de la gracia que había recibido gratuitamente, cuando el complejo estaba cobrando vida. Un obrero que limpiaba las aceras con una manguera casi me empapa cuando salí a la plaza. Iba a ser un gran día, que habíamos decidido pasar saboreando Montserrat.

Punto de reflexión. La contemplación es simplemente estar presente ante la maravilla de las escenas cotidianas, especialmente en la naturaleza, que siempre refleja algo de Dios.

El problema suele ser que no vemos las cosas como son, sino como somos, por lo que se trata de despejar nuestras emociones y percepciones para abrirnos a lo «real». Ignacio solía obtener un gran consuelo simplemente contemplando las estrellas por la noche. Nuestro reto es desarrollar estas mismas formas de mirar para ver lo que realmente está ahí (Dios está en lo «real»).

Este día extra en Montserrat sería un día tranquilo y reflexivo, lo que era apropiado en este retiro especial de montaña. Para empezar el día, le envié a James una oración matutina del jesuita John Veltri:

«Oh Dios, me encuentro al comienzo de otro día.
No sé lo que nos deparará.
Por favor, ayúdeme a estar preparado para lo que sea.
Si he de levantarme, ayúdame a hacerlo con valentía.
Si he de sentarme, ayúdame a sentarme en silencio.
Si he de permanecer al margen, ayúdame a hacerlo con paciencia.
Si no he de hacer nada, que lo haga con gallardía.

Rezo solo por hoy, por estas veinticuatro horas, por la capacidad de cooperar con los demás según la forma en que Jesús nos enseñó a vivir.

"Venga a nosotros tu reino, hágase tu voluntad en la tierra como en el cielo".
Que estas palabras que nos enseñó se conviertan en algo más que palabras.

Por favor, libera mi pensamiento y mis sentimientos y el pensamiento y los sentimientos de los demás, de toda forma de voluntad propia, egocentrismo, deshonra y engaño. Junto con mis hermanos y hermanas, necesito esta libertad para hacer hoy mis elecciones de acuerdo con tus deseos. Envía tu Espíritu para que me inspire en los momentos de duda e indecisión para que, juntos, podamos caminar por tu senda. Amén».

Asistimos a la magnífica liturgia benedictina a las once de esa mañana, en la que tuve el privilegio de concelebrar en la misa. Fue aún más especial porque se trataba de la ordenación de uno de los jóvenes monjes benedictinos y la iglesia estaba abarrotada de familiares y amigos, además de la habitual multitud de peregrinos. Fue especial estar en la tribuna del coro entre los monjes durante la misa cantada, incluyendo el *Ave Maria*, y al mirar hacia la nave ví a James entre los asistentes, de pie junto a la pared, ya que había cedido su asiento a otra persona. Era consciente de la estatua de la Virgen Negra que había sobre mí, la famosa efigie de Nuestra Señora que había atraído a peregrinos durante siglos, incluido Ignacio de Loyola con su profunda devoción mariana.

Punto de reflexión. La devoción a María desempeñó un papel clave en la vida y vocación de Ignacio, que culminó en su conversión. Su devoción a la Virgen María fue un tema que conectó muchos de los lugares de peregrinación a lo largo de esta ruta: Arantzazu, Navarrete y Montserrat. Ciertamente, su especial devoción a María en el camino a Montserrat le ayudó a protegerse de volver a caer en sus viejos hábitos y apegos. María puede ser vista como el «apóstol perfecto» que siempre sigue al Espíritu, el epítome de la libertad ignaciana.

Después almorzamos sencillamente en la plaza de L'Abat Oliva, frente a nuestro albergue. Multitudes de peregrinos, guías de grupos y turistas se arremolinaban camino de la iglesia abacial. Era un ambiente festivo, favorecido por el espectacular paisaje montañoso y el buen tiempo. Afortunadamente, la altitud aliviaba el intenso calor y era agradable pasear por los alrededores para variar. Animé a James a buscar la confesión, sabiendo que Ignacio había hecho una confesión completa y había dejado atrás su antigua vida aquí. Me tomé un momento de reflexión a solas en una cafetería para intentar escribir algunas líneas sobre nuestro viaje:

Abrumado por el sol
Calor abrasador
Aún deshidratado
Agotado
Con sarpullido por el calor
Piernas doloridas
Probado en el fuego
Forjado en el horno.

Liberado del desierto
Profundamente consolado
Ligeramente iluminado
Exhausto
Desgastados zapatos polvorientos
Suciedad del camino
Severamente probado.

Por la tarde tomé el funicular de Sant Joan para subir a los picos de las altas montañas para caminar un poco y para explorar algunas de las antiguas ermitas de las que había oído hablar. Al parecer, Ignacio había subido hasta aquí para visitar a algunos de los ermitaños que vivían en la ladera de la montaña. Era otro día caluroso y el sol de la tarde era intenso con poca sombra alrededor. Solo encontré un pequeño número de turistas en el sendero, que tiene unas vistas espectaculares y vertiginosas caídas en un lado. Me desvié y tomé el áspero sendero de la ermita de Santa María Magdalena, que conducía directamente a los imponentes picos. Pasé junto a toda una serie de ermitas en ruinas repartidas por la montaña; el sendero serpenteaba dentro y fuera a través de salientes, túneles y escaleras verticales de piedra. El contorno de la ermita en ruinas en un claro sombreado era todo lo que quedaba, pero era suficiente para evocar una imagen del estilo de vida y el elevado aislamiento de este retiro de montaña. Me tomé un tiempo para sentarme y reflexionar sobre lo importante que había sido este lugar para Ignacio, cómo se había despojado dramáticamente de su antigua vida, colgando su daga y su espada y manteniendo una vigilia de toda la noche (que yo había intentado sin éxito imitar en 2015). También recé por James en su viaje y por mi papel como su guía espiritual.

Punto de reflexión. Montserrat es importante para Ignacio porque recibe orientación de un monje francés, el padre Jean Chanon, y aprende el valor de tener un mentor y un guía espiritual. Luego incorpora esto a los *Ejercicios espirituales*, dando un papel clave al director espiritual como guía: la persona que escucha activamente para ayudar al otro a encontrar la libertad y a elegir bien. La dirección espiritual ofrece un compañero para el viaje espiritual, un guía que puede detectar más fácilmente los movimientos y las faltas de libertad. Los directores espirituales escuchan activamente, ayudando a las personas a encontrar la libertad, a tomar decisiones equilibradas y a acercarse más a Dios.

Más tarde, esa misma tarde, le expliqué a James la famosa meditación ignaciana sobre los «Tres tipos de persona [Tres binarios]» y cómo estaba vinculada al concepto ignaciano de libertad y discernimiento. Ahora que nos acercábamos al final, quería que James empezara a pensar en su vuelta a casa y en cómo integraría sus nuevas percepciones sobre la fe y la vida.

En los *Ejercicios espirituales* Ignacio propone un ejercicio imaginario sobre los diferentes enfoques de tres personas que han adquirido una gran suma de dinero. Se enfrentan al dilema de averiguar qué quiere Dios que hagan con ese dinero (*Ejercicios espirituales*, 149-156). ¿Serán capaces de llevárselo a Dios o estarán demasiado apegados al dinero? El ejercicio es un test de la libertad o el desapego de la persona para ver lo profunda o integrada que está su fe. Los tres tipos de personas son caricaturas: el procrastinador, el «chaquetero», que transige y la persona «libre».

1. El primer tipo procrastina, posponiendo lo que sabe que debe hacer. Quieren liberarse del apego al dinero, pero nunca toman los medios necesarios

para lograr esa libertad. Siguen apegados a él y son «no libres» en su inacción.

2. El segundo tipo sabe lo que debe hacer, pero transige o llega a un acuerdo sobre qué hacer con el dinero. En lo que parece un acto virtuoso, destinan parte del dinero a los demás, pero retienen algo para sí mismos. Aunque hay algo de Dios en su deseo de ser libres, siguen sin poder desprenderse de su apego; «hacen un trato» con Dios que revela su prioridad en mantener el control y por eso son «no libres».

3. El tercer tipo de persona quiere ser libre para responder a lo que Dios le pida, quiere ser «indiferente» y estar abierto a utilizar o no el dinero. Significativamente, su deseo es hacer lo que Dios quiere, y en esto consiste la verdadera libertad.

Le pedí a James que reflexionara sobre este ejercicio para saber dónde se colocaría.

Por la noche, mientras esperábamos la apertura del bufé del albergue, que ofrecía un menú peregrino con descuento, James salió a tomar el aire. Como era una persona muy sociable, tenía esa asombrosa habilidad para conocer gente y hacer amigos. A su regreso, me presentó a un grupo familiar que venía de cerca de Barcelona. El padre, Manuel, era español, mientras que la madre, Lorraine, era irlandesa, y tenían dos hijos adorables, Matthew (le vino en un sueño) y Nieves-Cara (de *anam cara*, amiga del alma en irlandés). Tuvieron que salir corriendo a dar de comer a los niños justo en ese momento, pero accedieron a reunirse con nosotros más tarde, fuera, en la plaza.

Ahora, después de cenar, cuando los excursionistas del día empezaban a dispersarse, teníamos la Plaza de L'Abat Oliva en gran parte para nosotros solos. Un cómodo banco se estaba convirtiendo rápidamente en nuestra base para pasar el rato y conocer gente y enseguida nos pusimos a hablar con la familia. Fue uno de esos momentos del Camino en los que simplemente conectamos, al tener tanto en común como peregrinos aquí en Montserrat. James y yo explicamos nuestra peregrinación y el retiro que habíamos hecho juntos, contando las historias de la providencia y de cómo habíamos salido adelante. Inevitablemente, nuestra conversación fue girando en torno a cuestiones del corazón, de Dios y de sentido, de qué significado estábamos dando a nuestros viajes vitales. Teníamos mucho en común e intercambiamos puntos de vista animadamente.

Punto de reflexión. La conversación espiritual es un diálogo entre amigos sobre la vida y su sentido. Ignacio practicó esto en sus muchos encuentros con peregrinos, siendo un oído abierto para escuchar en qué punto se encontraba la gente y ofreciendo su propia experiencia y puntos de vista sobre Dios. Esto es algo que sucede de forma natural en cualquier conversación significativa, a medida que la amistad y la confianza se desarrollan y el diálogo se hace más profundo y gira en torno a cuestiones y preguntas significativas de la vida. Más que un debate, se trata de un intercambio mutuo de puntos de vista y percepciones, en el que no se trata de «ganar una discusión», sino que ambas partes se enriquecen a través del diálogo. Aquí es donde está Dios, en los deseos y anhelos de nuestros corazones, y reconocemos y apreciamos a los demás, especialmente cuando se produce un verdadero encuentro de mentes y corazones que enriquece a ambos.

Manuel, en particular, me pareció una persona muy interesante y su formación en filosofía y espiritualidad hizo que mantuviéramos una conversación apasionante. Debimos de pasar varias horas charlando hasta que oscureció y refrescó, y los niños empezaron a cansarse. Fue una tarde mágica en la que simplemente conectamos, hablando de espiritualidad y de la vida, de todas las cosas realmente importantes, al más puro estilo peregrino.

La historia de Manuel

Manuel estudió primero ingeniería en Barcelona y luego fue a Irlanda para realizar su proyecto de fin de carrera. Allí conoció a Lorraine. Durante casi siete años en Irlanda, trabajó en varias empresas internacionales como ingeniero y después empezó a estudiar un máster en desarrollo sostenible, donde descubrió que sus intereses iban más allá de la ingeniería. Vivió y trabajó en proyectos de sostenibilidad en Irlanda, Reino Unido, Noruega y España, lo que le llevó a trabajar en proyectos en Europa, Latinoamérica y África. Su sueño era crear una sociedad más equilibrada y un mundo mejor, y empezó a buscar un proyecto con más sentido e imaginación.

Rápidamente se dio cuenta de la necesidad de una reflexión filosófica en su propia vida cotidiana y trabajó con profesionales académicos españoles, entre ellos el Dr. Octavi Piulats de la Universidad de Barcelona. Combinó la filosofía, el autoconocimiento y la espiritualidad en su tesis de máster, pasando a realizar un doctorado en el estudio del yo y el desarrollo sostenible. Trabaja en el desarrollo de proyectos y la ética empresarial, al tiempo que imparte clases a distintos niveles, centrándose, por lo general, en las personas procedentes de entornos desfavorecidos.

A Manuel le gusta la conversación y el intercambio, y se da cuenta de cómo los encuentros personales pueden llegar a ser significativos y cambiar la vida. Ha recorrido el Camino de Santiago y ha percibido su potencial para el crecimiento personal, tanto a través de la conversación como del silencio, y especialmente a través del contacto con la naturaleza. Manuel es un visitante habitual de Montserrat, que considera un lugar sagrado con una larga tradición y la intersección de diferentes tradiciones. Nos hemos mantenido en contacto por su interés en la reflexión, la consciencia y la integración de la vida y la acción a través del método ignaciano.

Capítulo 11
Llegar a Manresa: el último día

U N HERMOSO CIELO MATUTINO sobre Montserrat me encontró caminando temprano por un sendero hasta el mirador. Pasé junto a un grupo que meditaba en silencio mientras salía el sol, siluetas radiantes contra el sol. Poco después, encontré un lugar elevado para sentarme a solas y contemplar el despliegue de belleza. El sol parecía resaltar un resplandor de miel en las rocas, y el complejo de la iglesia abacial, inicialmente en la sombra, fue cobrando relieve. Los altísimos pilares rocosos de alrededor empequeñecían los ahora diminutos edificios, aferrados precariamente a las escarpadas caras. Lo conmovedor era que este era nuestro último día en Montserrat y el último de nuestro peregrinaje, ya que llegaríamos a Manresa esa misma tarde. Como siempre, era una sensación agridulce: experimentar la emoción de ser un peregrino en el camino junto al deseo de descansar y refugiarse del calor interminable.

Le envié a James este extracto de un correo electrónico de Richard Rohr en relación con AA y la «sobriedad emocional», que acababa de llegar a mi bandeja de entrada. Describía perfectamente la libertad ignaciana o «desapego» de las emociones o pasiones, que habíamos estado discutiendo unos días antes en relación con su difícil experiencia en Zaragoza:

«Gran parte del trabajo de la madurez emocional consiste en aprender a distinguir entre las emociones que ofrecen un mensaje útil sobre nosotros mismos o el momento, y las emociones que son meras reacciones narcisistas al momento. Me atrevo a decir que, hasta que no hemos encontrado nuestro centro y nuestro suelo espirituales, la mayoría de nuestras respuestas emocionales suelen ser demasiado autorreferenciales como para ser útiles o veraces. Leen el momento como si el yo, con sus necesidades y heridas inmediatas, fuera el punto de referencia de la verdad objetiva. No es así. El "yo" pequeño y defensivo no puede sostener ese espacio. La Realidad / Dios / Creación sostiene ese espacio. El uso persistente del pequeño yo como punto de referencia objetivo solo creará problemas más profundos a largo plazo; no los resolverá»[1].

Estaba reflexionando sobre lo lejos que había llegado James y cómo lo había visto crecer en esta peregrinación y retiro que habíamos hecho juntos. Se había beneficiado mucho del programa de Alcohólicos Anónimos, había dado un giro a su vida y a sus relaciones gracias a ello, y en ese momento llevaba más de diez años sobrio. Lo que estaba aprendiendo de Ignacio era una «puesta a punto» de la fe, a ser más consciente de las situaciones

---

1. Adaptado de Richard ROHR, *Emotional Sobriety. Rewiring Our Programs for «Happiness»*, https://cac.org/daily-meditations/emotional-maturity-2022-06-19/.

y las emociones. Había aprendido mucho sobre la reflexión, la capacidad de dar un paso atrás en una situación y examinar las emociones, las motivaciones y las posibles opciones implicadas. Al darse cuenta de que a menudo no había una respuesta estándar o predeterminada que pudiera utilizarse, era consciente de la singularidad de las situaciones y de cómo cada una debía examinarse cuidadosamente. Crecía en discernimiento, la sabiduría de ser más consciente de sí mismo, y sintonizaba con diferentes situaciones que requerían respuestas individuales. Era más capaz de tomar decisiones sabias y de actuar más guiado por el Espíritu. Confiaba en que seríamos capaces de manejar las situaciones de forma diferente.

Punto de reflexión. Una de las intuiciones fundamentales de Ignacio en los *Ejercicios espirituales* era que Dios trata con cada uno de nosotros de forma única, en la mezcla particular de fortalezas y debilidades que traemos cuando tenemos que negociar un camino individual. El autoconocimiento, la conciencia y la reflexión, así como contar con un guía espiritual, ayudan a cribar las emociones y a juzgar cuáles son auténticas. El objetivo es liberarse de cualquier influencia indebida, en equilibrio como el punto medio de una balanza, para poder decidir y actuar bien. Ignacio nos invita a enfrentarnos a nuestros miedos, a tomar decisiones discernidas y a actuar contra los apegos malsanos. Esto requiere valentía, honestidad y una dependencia radical de Dios. Nuestros estados de ánimo y sentimientos internos son útiles para reconocer los impulsos destructivos y distinguirlos de los que son auténticamente vivificantes.

De vuelta al albergue, hicimos las maletas rápidamente y bajamos a esperar el primer funicular que bajaba de la montaña a las 8,15. Mientras comíamos nuestros bocadillos del desayuno en una mesa exterior, las únicas personas que pasaban eran unos cuantos escaladores serios envueltos en cuerdas. Vi a un hombre esperando en la estación al que reconocí de la noche anterior. Me había pedido ayuda para entrar en el albergue. Para mi sorpresa, me dijo que también iba a Manresa porque buscaba a un sacerdote jesuita. Intrigado, le dije que yo lo era. Me explicó que era inventor y que tenía unas ideas brillantes sobre tecnología ecológica que podría «salvar al mundo», pero que nadie le escuchaba. Tuvimos una discusión muy intensa antes de que partiera el funicular, intentando llegar al fondo de cuál era su problema. Reconoció que era infeliz y desde luego parecía triste. Tenía una hija y estaba divorciado. Parecía muy inteligente e ingenioso, aunque mal vestido. Sin duda sentía pasión por la ciencia y los inventos y era en gran medida autodidacta, con su propio taller.

En modo director espiritual, intentaba explorar cómo podría ayudarle. Me lancé a un cuadro imaginario, un cuadro de extremos: Le pedí que se imaginara a una persona impulsada y obsesionada en trabajar en algo, y a otra desentendida y que no utiliza sus talentos. Sin embargo, se apresuró a negar que hubiera una cuestión de extremos en su vida. A continuación, probé la idea de «canalizar el fuego interior»[2], es decir, que somos instrumentos para

---

2.   Según mi folleto con el mismo título: https://loyol.ink/zgg5k

el poder de Dios que actúa a través de nosotros, e introdujo la idea de lo bueno y lo malo: dado que podemos colaborar con la vida del espíritu, ciertas acciones son útiles y «buenas», y otras inútiles y «malas». Una vez más, descartó rápidamente la idea de que hubiera había algo «malo» operando en él. Esto me sorprendió, y mi «radar» me decía que el pobre hombre estaba atrapado de alguna manera. Podría haber sido algún tipo de obsesión tecnológica, o algo mucho más profundo, pero me entristecía no poder ayudarle más.

Sin embargo, el tiempo se agotaba ya que la salida del funicular era inminente y tenía que correr a la estación donde me esperaba James. Le di mi tarjeta de visita y me ofrecí a reunirme con él en Manresa para que pudiéramos seguir hablando. Más tarde me enteré de que había ido al centro de los jesuitas de Manresa y había pedido hablar con un sacerdote jesuita, así que espero que recibiera ayuda.

Punto de reflexión. El papel de un director o guía espiritual consiste en ayudar a las personas a tomar conciencia o a comprender su vida a través de preguntas. Un punto de partida esencial es que hemos sido creados por Dios y dotados de dones y talentos, y que nuestra alegría consiste en utilizarlos plenamente (consolación). Sin embargo, también tenemos tendencia a desaprovecharlos o a quedar atrapados en ideologías, apegos o trampas que nos hacen menos humanos o nos desconectan (desolación). A menudo podemos dejarnos engañar por cosas aparentemente buenas («Tengo una contribución única que hacer»), que nos ciega ante sus consecuencias destructivas (aislamiento y desconexión). Esto se conoce como el «engaño del ángel de luz», y describe cómo nos esclavizamos a ideas y compulsiones. Negarnos a aceptar nuestra humanidad básica y nuestra «condición de criatura» (yo soy la criatura dependiente, no el creador) bloquea el proceso y dificulta o imposibilita el progreso.

Tras un sinuoso descenso con vistas espectaculares, los tres tomamos al tren en dirección a Manresa. Como James aún no estaba en condiciones de caminar, tuve que asegurarme de que cogía el tren hasta Manresa, donde lo esperaba Devadhas, un amigo mío jesuita, a quien había pedido que lo hiciera. Sin embargo, yo había planeado bajarme a mitad de trayecto y caminar los últimos 15 km como gesto simbólico. Por lo tanto, me bajé del tren en Sant Vincenç de Castellet, con la intención de coger un autobús o un taxi para cruzar a la cercana localidad de Castellgali, por donde pasaba el Camino. Me dirigí al pueblo y pregunté a unas mujeres dónde estaba el centro. Una mujer mayor de rostro amable empezó a darme indicaciones y luego decidió llevarme ella misma. Mientras caminábamos juntos, iba saludando a mucha gente que conocía y les preguntaba en mi nombre cómo llegar a Castellgali. Una amiga que encontramos me recomendó coger el tren ya que la estación estaba cerca. Me dirigí a la estación y, consultando mi teléfono por el camino, me di cuenta de que no había conexión de tren. Volví sobre mis pasos hasta la plaza principal y consideré mis opciones. Pregunté por un taxi, pero nadie parecía saber de uno, y también consulté un autobús, pero no salía hasta dentro de una hora o así. Estaba pendiente de la hora, ya que había quedado con Devadhas y James en las afueras de Manresa para la última caminata.

Al verme agitado por estos planes que no parecían funcionar, pedí un café y me tomé un momento para sentarme y reflexionar. Irónicamente, aún tenía un billete de tren a Manresa en el bolsillo y, riéndome para mis adentros, me di cuenta de que lo más fácil era simplemente volver a coger el tren, dar el corto paseo hasta el punto de encuentro y reunirme con mis amigos tal y como habíamos acordado. Habiéndome quitado toda la presión de encima, disfruté de mi café y de la sombreada plaza. Me pareció un final irónico y apropiado para este peregrinaje imprevisible y serendípico; «déjate llevar y disfruta», pensé, apreciando el momento.

Punto de reflexión. Una de las prácticas ignacianas clave es la reflexión y la toma de conciencia, simplemente sintonizar con la realidad que nos rodea. A veces la solución está delante de nuestras narices y se necesita algún tiempo y espacio para que surja. Podemos quedarnos atrapados fácilmente en expectativas, planes poco realistas e «ideas de perfección». A menudo, necesitamos romper la dinámica poco útil de precipitarnos y exigirnos mucho; para ello es necesario «actuar contra» la desolación y cambiar la dinámica. Se trata de soltar el control, ser lo suficientemente humildes y flexibles como para cambiar de planes y encontrar la paz y el consuelo.

Una hora más tarde salía lentamente de Manresa en medio de un calor abrasador hacia nuestro punto de encuentro en la Torre de Santa Caterina, que tiene una vista espectacular sobre el valle del río Cardoner, la casa de retiros de Manresa y la catedral. Este era el mismo lugar que había frecuentado como parte de mi curso ignaciano un mes antes y donde me había entrenado para el Camino, por lo que era un punto de encuentro apropiado. Llegué pronto y encontré una roca en la que sentarme a la sombra, reflexionando sobre todo lo que había pasado hasta ese momento. Sentía una mezcla de gratitud y también alivio por haber terminado; había sido difícil e inesperadamente exigente, especialmente debido a un calor sin precedentes. Podía ver a mis dos amigos, James y Devadhas, enfrascados en conversación, acercándose a mí por el camino. Fue un encuentro emotivo, la caminata final se hizo más conmovedora por el hecho de que Devadhas, atrapado en Manresa a la espera de un visado, tenía varios problemas de salud que le dificultaban la marcha. El último kilómetro, pasada la capilla de La Guía, sobre el puente romano, bajo la catedral, fue directamente sobre los pasos de Ignacio, que había llegado 500 años antes.

Recorrimos lentamente los últimos kilómetros y nos detuvimos en la escalinata de la casa de retiro. James se sentía triunfante, encantado de haber llegado al lugar que tanto deseaba visitar. Para Devadhas y para mí, era una vuelta a casa, a la casa de retiros de los jesuitas donde habíamos pasado juntos varias semanas felices. Personalmente, estaba contento de salir del calor y esperaba con impaciencia el aire acondicionado y una habitación fresca.

La historia de Devadhas

Devadhas nació en Rajavoor, un pueblo del estado de Tamil Nadu, en el sur de la India. A los cuatro años se coló en una misa en latín. Cuando el sacerdote dijo «Ite missa est» para acabar la misa, Devadhas soltó sin querer un silbido de admiración y echó a correr. El sacerdote lo persiguió y le hizo arrodillarse ante el Santísimo Sacramento. Él considera ese día como el momento en que decidió convertirse en sacerdote.

Incluso a la temprana edad de quince años daba consejos a los demás seminaristas de su clase sobre cómo imitar a Jesús; debían acoger a todo el mundo y no excluir a nadie. Ingresó en la Compañía de Jesús en 1971, pero el noviciado le resultó difícil; aunque era piadoso, era muy hablador y no podía guardar silencio. Durante sus estudios de filosofía en Pune, conocía a cada uno de los 183 jesuitas por su nombre y tenía grandes amistades. Una vez le sugirieron que abandonara la Compañía por ser demasiado emotivo, pero su guía espiritual intercedió por él y se quedó.

Se ordenó sacerdote en 1984 e inicialmente fue destinado a un internado como profesor. Siendo él mismo de origen humilde, siempre favoreció a los alumnos más pobres, pero esto no siempre le parecía bien a la dirección. Finalmente, tuvo que dejarlo y se unió al Servicio Jesuita a Refugiados, trabajando para Cáritas Nepal. Allí trabajó con refugiados butaneses durante dos años y luego le pidieron que fuera a Zimbabue como misionero, sirviendo en Harare durante dos años y medio. Después le llamaron para que regresara a la provincia y volvió a trabajar en escuelas para los dalits o marginados, y dirigiendo retiros. Problemas cardíacos le llevaron a una cirugía de triple baipás en 2009, y atribuyó su recuperación a una visión de la Virgen María y su Hijo Jesús en la cruz. Su deseo de profundizar en la espiritualidad ignaciana lo condujo a Manresa, en España, donde él y yo fuimos compañeros de clase.

Esa tarde, James, Devadhas y yo celebramos misa juntos en la famosa Cueva de Ignacio, una capilla hecha de roca. Fue un momento conmovedor, estar en el lugar donde Ignacio había rezado y supuestamente había trabajado en sus famosos *Ejercicios espirituales*. Fue un gran momento, especialmente para James, el final de la peregrinación y su primera vez en la cueva, y pude ver que estaba profundamente conmovido. Al comienzo de la misa, sacó todo tipo de tarjetas conmemorativas, fotos y rosarios y las dispuso alrededor del altar, como recuerdos de sus intenciones de oración y de su viaje. Las lecturas de la misa de vigilia del domingo fueron apropiadas: la llamada de Elías a Eliseo (1 Reyes 19), «Tú me muestras el camino de la vida» (Salmo 15), «Guiados por el Espíritu» (Gálatas 5), y la llamada de Jesús a los discípulos (Lucas 9).

En mi breve homilía resumí el viaje que James y yo habíamos hecho juntos en términos de estos temas de «viaje»:

— Nuestra emoción más abrumadora fue la gratitud por todo lo que Cristo había hecho por nosotros, especialmente por cómo habíamos sido mantenidos a salvo durante el fuerte calor y encontrado un camino a través del «desierto» (mantenidos a salvo mientras «caminábamos a través del fuego», Isaías 43,2).

- Habíamos sido redimidos y restaurados; fue una época de pruebas con muchos desafíos, y habíamos llegado a conocer mejor a Dios y habíamos crecido en la fe.

- Al igual que lo fue para Ignacio, el viaje a Manresa había sido un tiempo de profundización y purificación de la fe; habíamos aprendido sobre el discernimiento, la verdadera libertad y la toma de decisiones sabias.

- Teniendo en cuenta todo lo que habíamos aprendido, teníamos un profundo sentido de la providencia actuando a través de todas las personas con las que habíamos entrado en contacto.

- Entendimos mejor lo que era ser peregrinos como Ignacio: viajar ligeros (Lucas 9,3), ser flexibles y solo querer hacer la voluntad del Padre.

- Especialmente, habíamos aprendido sobre la libertad ignaciana, a liberarnos de apegos malsanos y a discernir siempre la voluntad de Dios.

- Al volver a casa, queríamos ser instrumentos de Dios en nuestro mundo, en las relaciones y para nuestras familias y amigos, y estar al servicio de los demás.

Por último, Devadhas añadió que «vaciarse de sí mismo» era de lo que James le había hablado esa mañana en el paseo. Captó el tema dirigiéndose directamente a James: «¡Tiene que vaciarse para que Dios pueda llenarle! Se ha vuelto de lo más ignaciano». Más tarde nos sellaron los pasaportes de peregrinos y le entregué a James su certificado de peregrino en la terraza, a la luz del atardecer, contemplando las luces de Manresa. James me tocó su canción favorita de Dire Straits, *Going Home*. Fue el final perfecto.

Epílogo

ANTES DE DEJAR MANRESA, James y yo nos tomamos un día para reflexionar sobre toda la experiencia utilizando las preguntas del apéndice que figura a continuación, y luego tuvimos una conversación final para integrar todo lo que habíamos aprendido y las percepciones que habíamos adquirido. Le expliqué a James cómo Ignacio no se hizo en un momento en Loyola (la poco útil idea de la «conversión milagrosa»); necesitó muchos meses e incluso años de camino para resolver sus propios problemas y excesos. Lleno de obstinación y ego al principio («todas las grandes cosas que hago por Dios»), tuvo que llegar al final de sus propias fuerzas y capacidades para dejar entrar a Dios. Tuvo que aprender quién era Dios en realidad –compasión amorosa y no juez– y aprender a relacionarse de forma vivificante y equilibrada, ya que había dañado su salud con todas sus exageradas penitencias. Le expliqué que la experiencia de Manresa en particular fue la profundización y purificación de su fe, el planchado de arrugas, el refinamiento de su proceso y luego la formulación del mismo para otros en los *Ejercicios espirituales* y retiros. También hablamos de la visión que tuvo en el río Cardoner, de cómo fue un momento integrador de gran conciencia de Dios en todas las cosas y de todas las cosas en Dios. Hubo una intimidad inmediata y accesible que cambió la forma en que Ignacio vivía y respiraba su fe. No había lugar más apropiado para reflexionar juntos sobre nuestra peregrinación y los mismos temas. Encendí una vela y leí el Salmo 15, sobre el israelita justo, que parecía describir a James. Luego revisamos las preguntas en función de estos temas ignacianos:

1. Hemos sido creados por Dios y se nos han dado dones y talentos para el camino de la vida (bondad fundamental).
2. Tenemos tendencia a olvidarlo, a cometer errores, pero Dios siempre nos da un camino de vuelta (la realidad del pecado y el perdón).
3. Dios está siempre con nosotros, y podemos percibirlo especialmente cuando miramos hacia atrás en nuestra trayectoria vital (la importancia de la reflexión, el «retiro» y la obtención de perspectiva).
4. La historia de Ignacio de Loyola en su autobiografía dictada es realmente útil, ya que nos traza su camino de fe con todos sus altibajos; caminar sobre sus pasos nos ayuda a revivir la experiencia y a obtener algunas de sus percepciones.
5. Dios está especialmente con nosotros en esos momentos de dificultad u obstáculos (la cruz) en nuestras vidas; a menudo, estos momentos de oscuridad o de gran sufrimiento son una purificación y una «prueba en el fuego» que nos permiten enfrentarnos a nuestros demonios y encontrar humildemente un camino a seguir con la ayuda de Dios (cediendo el control y confiando).

6. Dios está cerca de nosotros y en constante relación con nosotros, pero tenemos que hacer nuestra parte, recorrer nuestro camino de fe lo mejor que podamos.

7. La oración tiene que ser un diálogo; hay que hablar, pedir e implorar, pero también escuchar, reflexionar y discernir / actuar. El reto es estar atento a los impulsos del Espíritu y seguirlos.

8. Dios trabaja en nuestros estados de ánimo y sentimientos interiores, y podemos captar esos movimientos internos de consolación y desolación para encontrar hacia dónde nos conduce Dios (la importancia del discernimiento).

9. Nuestro trabajo consiste en ser colaboradores o instrumentos de la compasión de Dios en el mundo, ayudar a los demás y dar algo a cambio (estar al servicio de la construcción de un mundo mejor).

10. Necesitamos estructurar nuestras vidas para asegurarnos de que tenemos la oración y la reflexión incorporadas para poder permanecer cerca de Dios (poniendo en la vida buenos hábitos y estructuras).

11. Lo más difícil es la libertad y la humildad, el soltar el control. Tenemos que confiar en que Dios está al mando y saber que no depende de nosotros.

Mis sugerencias para James cuando volvió a casa fueron:

1. Haz el Examen completo al final de cada día, tomándote unos quince minutos para repasar el día y ver dónde has estado con Dios, o no: https://loyol.ink/3w5wx

2. Ora cada día durante al menos quince minutos. Recuerda que orar también es escuchar, así que crea un espacio y usa las Escrituras para escuchar lo que Dios te dice. Te recomiendo Sacred Space en tu teléfono: https://sacredspace.com/ie/[1]

3. Tómate tiempo para discernir y orar sobre las decisiones, especialmente las importantes; nada de decisiones rápidas y precipitadas: https://loyol.ink/42chy

4. Intenta ser la persona que Dios quiere que seas, tratando bien a los demás, teniendo buenas y sanas relaciones y una meta y dirección en la vida. Intenta ayudar a los demás siempre que puedas.

5. Piensa en tener un director espiritual o alguien con quien puedas hablar regularmente sobre la fe.

6. Lleva un diario o cuaderno espiritual (como Ignacio) para anotar los acontecimientos importantes y ayudarte a reflexionar sobre ellos: https://loyol.ink/vkw7l

7. Piensa en hacer un retiro o un Camino espiritual una vez al año para mantenerte en el buen camino. Busca un centro de retiro local que pueda ayudarte.

8. Mantén algún tipo de lectura espiritual para mantener viva tu vida de fe, especialmente libros ignacianos: https://loyol.ink/ze21g

---

1. Una página similar en español: https://rezandovoy.org/

Apéndices

Preguntas de reflexión sobre la peregrinación

Como con cualquier experiencia importante, es bueno reflexionar sobre ella después. Estas preguntas se sugieren como ayuda para tu reflexión sobre la peregrinación. Puede que te apetezca escribir un diario privado o un cuaderno para ayudarte a procesar la experiencia.

1. ¿Cómo llegaste a la peregrinación y con qué estado de ánimo partías? ¿Cómo te cambió la peregrinación, si es que lo hizo?

2. ¿Hubo algo que te impidiera entregarte plenamente a la experiencia?

3. ¿Qué recuerdos sobresalen? ¿Qué imagen o metáfora capta la experiencia para ti?

4. ¿Cuáles fueron los puntos álgidos para ti?

5. ¿Cuáles fueron los momentos más bajos para ti?

6. ¿Hubo momentos de «cruz», sufrimiento, oscuridad o dificultad? ¿Sentiste la presencia de Cristo en ellos (quizá después)? ¿Pudiste rezar con ellos?

7. ¿Hubo algún lugar / persona / experiencia en el que sintieras especialmente la presencia de Dios? ¿Dónde sentiste que Dios te hablaba?

8. ¿Qué has aprendido sobre ti mismo? ¿Qué has aprendido sobre Dios?

9. ¿Qué harás de forma diferente después de esta peregrinación? ¿Cómo ha cambiado tu vida, si es que lo ha hecho? ¿Qué decisiones concretas, si las hay, han surgido de la peregrinación?

10. ¿Hay algo que todavía tengas que hacer? ¿Qué cambios te ayudarían a mantenerte en la consolación?

Lista de reproducción musical

(Disponible en la cuenta de Spotify del autor con este enlace: shorturl.at/dgQ89, o en la página pública de Facebook del autor: www.facebook.com/BrendanSJ)

1. *Perfect Day*, Lou Reed
2. *Sound of Silence*, Simon and Garfunkel
3. *You've Got a Friend*, James Taylor
4. *On the Road Again*, Canned Heat
5. *The Heat is On*, Glenn Frey
6. *Brothers in Arms*, Dire Straits
7. *Amazing Grace*, Aretha Franklin
8. *Radio*, The Corrs
9. *Let it Be*, The Beatles
10. *Ave Maria*, monjes benedictinos
11. *Going Home*, Dire Straits

Agradecimientos

- Al maravilloso y talentoso James Fullam, que fue un gran compañero y amigo en este viaje.

- A la comunidad jesuita de Belfast y la provincia jesuita de Irlanda, que me apoyaron en esta peregrinación, mi familia y mis amigos.

- A José Luis Iriberri, SJ, director del Camino Ignaciano, quien me brindó una orientación inicial y luego hizo un análisis posterior con nosotros.

- A Javier Melloni, SJ, director del Centro de Espiritualidad La Cova, Manresa, y a todo el personal, que tan bien nos apoyaron y atendieron.

- A José Ignacio Clavero Rodríguez, que proporcionó mucho apoyo y estableció contacto con Anna Maria Pijuan.

- A Anna Maria Pijuan, nuestra maravillosa guía turística en Verdú, y también a la mujer de la oficina de turismo del lugar.

- A mi amigo el padre Colin Crossey, que presidió el funeral de mi tío.

- A Montserrat, la superiora, y las demás Hermanitas de los Ancianos Desamparados, que nos brindaron ese crucial viaje a Montserrat.

- A Jordi, que nos recibió en el Centro Pastoral de Montserrat.

- A la comunidad jesuita de Logroño, que tan bien me atendió.
- A David Fagundo, SJ y a la comunidad jesuita de Zaragoza, que me acogieron tan calurosamente.
- A la comunidad jesuita de Lleida y al superior, Alexis Bueno Guinamard, SJ, que nos recibió tan calurosamente y fue el anfitrión de una noche de canciones.
- Al Centro de Espiritualidad La Cova Manresa, que nos acogió tras la peregrinación para el análisis y para escribir este libro.
- Al padre José Gracia, de Pina de Ebro, que tan calurosamente me recibió en su iglesia, me llevó en coche hasta Bujaraloz, donde James nos esperaba, y rezó por nosotros durante todo el camino.
- En nombre de James me gustaría dar las gracias a su mujer, Violet, a sus cuatro hijos y a sus nietos por toda su inspiración y apoyo, especialmente a su sobrino David Farrell, que lo acompañó en la primera etapa. También al Comité de Veteranos del 5.º Batallón Irlandés de Infantería y a sus miembros por su apoyo, y a Catriona Fogarty por su ayuda en la promoción de sus marchas, y a todos los que hicieron donaciones a sus organizaciones benéficas.

Bibliografía selecta

David L. FLEMING, *Draw Me into Your Friendship – The Spiritual Exercises: A Literal Translation and a Contemporary Reading*, Institute of Jesuit Sources, St Louis 1996.

José Luis IRIBERRI – Chris LOWNEY, *Guía del Camino Ignaciano*, Mensajero, Bilbao 2023.

Brendan MCMANUS, SJ, *Channelling the Inner Fire*, Messenger Publications, Dublin 2022.

—————, *The Way to Manresa*, Messenger Publications, Dublin 2021.

Brendan MCMANUS, SJ y Jim DEEDS, *Discover God Daily. Seven Life-Changing Moments from the Journey of St Ignatius*, Messenger Publications, Dublin 2022.

—————, *Finding God in the Mess: Meditations for Mindful Living*, Messenger Publications, Dublin 2023 (edición revisada).

Octavi PIULATS, *Goethe y Montserrat*, (capítulo 1, sobre Ignacio de Loyola en Montserrat), Solsona Comunicacions, Solsona 2001.

Juan PLAZAOLA, *Rutas ignacianas*, Gobierno Vasco, Bilbao 1991.

Joseph N. TYLENDA, *A Pilgrim's Journey: The Autobiography of Ignatius of Loyola*, Liturgical Press, Collegeville 1991.

Bibliografía selecta